Theo Drewes

In 99 Minuten
zum perfekten Anwalt

Illustriert von Mathias Siebert

Eichborn.

Erweiterte und aktualisierte Auflage mit praxisnahen Fällen und Kommentierung der strafrechtlichen Vorschriften über

Diebstahl	§ 242 StGB
Betrug	§ 263 StGB
Mord	§ 211 StGB

Die Deutsche Bibliothek – CIP-Einheitsaufnahme

Drewes, Theo:
In 99 Minuten zum perfekten Anwalt / Theo Drewes. Mit Ill.
von Mathias Siebert. – Frankfurt am Main : Eichborn, 1996
  ISBN 3-8218-3424-2

© Vito von Eichborn GmbH & Co. Verlag KG,
Frankfurt am Main, Januar 1996
Umschlaggestaltung: Rüdiger Morgenweck
unter Verwendung einer Zeichnung von Mathias Siebert
Gesamtherstellung: Fuldaer Verlagsanstalt GmbH, 36003 Fulda
ISBN 3-8218-3424-2

Verlagsverzeichnis schickt gern:
Eichborn Verlag, Kaiserstraße 66, D-60329 Frankfurt am Main

Inhalt

Einleitung

Dies ist ein Schnellkursus mit dem Ziel, Sie in 99 Minuten zum *perfekten* Anwalt auszubilden.

Diese Ausbildung reicht vielleicht nicht für ein Auftreten vor dem Bundesgerichtshof – dort gelten besondere Zulassungsvorschriften –, aber Sie werden befähigt,
– am Stammtisch
– im Familienkreis oder
– in der Nachbarschaft

als *Anwalt im Dienste der Gerechtigkeit* tätig zu werden.

Gleich zu Anfang ein Tip:

Ärgern Sie sich nicht, wenn Ihr Kind Ihnen dauernd widerspricht, ständig in alles hineinredet, Sie als treusorgende Eltern bei jeder Gelegenheit fix und fertig macht und immer recht behalten will. Hauptsache, Ihr Kind ist gesund. Notfalls – wenn es sonst zu gar nichts taugt – kann es Anwalt werden.

> Wenn ich einen Sohn habe, so soll er etwas Prosaisches werden, Jurist oder Seeräuber.
>
> (*Lord Byron*, engl. Dichter, 1788-1824)

Übrigens: Alles, was hier vorgetragen wird, ist juristisch korrekt. Die dargestellten Fälle haben sich so oder könnten sich jedenfalls so ereignet haben.

Zur Rechtsgeschichte

Unser Recht ist 2000 Jahre alt. Es stammt von den alten Römern. Diese kannten schon alle Arten von Verträgen, wie Kauf-, Miet- und Pachtverträge. Sie hatten eine reguläre Geldwirtschaft mit Darlehen, Hypotheken und Zinsen.

Sie haben − manche mögen es beklagen − die richtige Ehe (matrimonium) und das Konkubinat erfunden und kannten den »groben Undank«. Es gab aber noch keine *Gleichberechtigung*. Der Mann hatte die volle, die ehe-herrliche Gewalt über die Person der Frau (manus mariti) und auch über die Kinder und Enkel (patria potestas). Er hatte das Recht über Leben und Tod (jus vitae ac necis). Er konnte die Kinder sogar in die Knechtschaft verkaufen.

> Sagt der Richter zum Angeklagten: »Sie leben also im Konkubinat?« »In was soll ich leben?« Also: »Sie leben mit einer fremden Frau zusammen, wie mit der eigenen!« »Ach, Herr Richter, viel besser, viel besser!«

Die alten Römer hatten auch ein *Sklavenrecht*, beziehungsweise, die Sklaven hatten keine Rechte. Das fiel damals unter das Gebiet des Sachenrechtes, heute nennt man es das Arbeitsrecht.

Das ganze römische Recht haben wir so übernommen, wie es die alten Römer entwickelt haben.

> Es erben sich Gesetz und Rechte
> wie eine ewige Krankheit fort,
> sie schleppen von Geschlecht sich zum Geschlechte
> und rücken sacht von Ort zu Ort.
> Vernunft wird Unsinn, Wohltat Plage;
> Weh dir, daß du ein Enkel bist!
> Vom Rechte, das mit uns geboren ist,
> von dem ist leider! nie die Frage.
>
> *(Mephisto in Goethes »Faust«)*

Nach diesen Grundsätzen hat man vor 100 Jahren das Bürgerliche Gesetzbuch geschaffen, welches am 1. Januar 1900 in Kraft getreten ist und im wesentlichen unverändert noch heute gilt.

Nur ist nach dem letzten Kriege im Zuge der *Gleichberechtigung* der Mann entmachtet und seine Stellung gegenüber den Kindern geschwächt worden. Die Gören können sich heute alle Freiheiten und Frechheiten erlauben und sogar selbst den Vormundschaftsrichter anrufen.

Auch bei *Ehescheidungen* war es damals für die Männer viel besser. Nur bei den religiös geschlossenen Ehen mußten sie ein Opfer an Jupiter, den Gott der Ehe, bringen, welches die Priester einsteckten. Aber ansonsten machte den alten Römern die Scheidung keine Schwierigkeiten. Die Frau wurde einfach in ihre elterliche Familie zurückgeschickt und bekam weder Unterhalt noch Zugewinn oder Versorgungsausgleich. Sie selbst konnte die Scheidung weder herbeiführen noch verhindern. Diese goldenen Zeiten sind für die heutigen Männer tempi passati (vergangene Zeiten).

> »Weißt du, was im Drogistenkalender steht?« ruft der Mann aus der Küche. »Da steht, daß Ehen, in denen Mann und Frau gleiche Rechte und Pflichten haben, stabiler sind als andere!« »Red keinen Quatsch!« ruft die Frau aus dem Wohnzimmer zurück, »spül weiter!«

Als Jurist braucht man deshalb kein römisches Recht mehr zu studieren, aber es zeugt von profunder Bildung, wenn man wenigstens einige lateinische Phrasen parat hat. So sprechen Sie als Anwalt von *culpa in contrahendo* (abgekürzt c.i.c.). Wörtlich übersetzt heißt dies: Verschulden bei Vertragsschluß oder in besserem Deutsch: »*Beschiß bei Vertragsssschluß*«.

Oder: Falls jemand dauernd dagegenredet, ist er ein *advocatus diaboli*, ein »Anwalt des Teufels« oder schlicht ein Stänker.

Sehr gebildet klingt der Ausspruch: *Mundus vult decipi, ergo decipatur*: Die Welt will betrogen sein, also betrügen wir sie!

Sie sollten zu Ihrem Gegnern nicht sagen, er sei »blöd«, sondern allenfalls *mente captus*, was wörtlich heißt: »im Geist befangen« und dasselbe bedeutet.

Wenn Sie mit Ihrer Rede nicht mehr weiter wissen, enden Sie mit »et cetera, et cetera«.

Abschließend noch ein lateinischer Spruch: *Augur augurem videt, ridet*. Frei übersetzt: Wenn ein Schwindler den anderen hört oder sieht, muß er lachen.

Sie wissen nun, wie unser heutiges Recht zustande gekommen ist. Fürst Otto von Bismarck (1815-1898, 1. Reichskanzler) hat das so ausgedrückt:

> Wer weiß, wie Gesetze und Würste zustande kommen, kann nachts nicht mehr ruhig schlafen.

Was ist Recht? Wer hat Recht?

Wir beginnen unseren Kursus mit der rechtsphilosophischen Grundfrage:

Was ist Recht?

Zur Beantwortung dieser Frage sind dicke Bücher geschrieben worden, aber niemand weiß so ganz genau, was Recht eigentlich ist.

Da gibt es subjektives und objektives Recht, Gesetzesrecht und Naturrecht, Menschenrecht und – sehr zweifelhaft – das Recht der Kinder auf Taschengeld oder das von den Gewerkschaften propagierte Recht auf das freie Wochenende oder das Recht auf Faulheit.

Am besten spricht man vom Recht wie der alte Adenauer:

> Natürlich achte ich das Recht. Aber mit dem Recht darf man nicht so *pingelig* sein.

Viel wichtiger für Sie als Anwalt ist die Frage:

Wer hat Recht?

Es ist Ihre Aufgabe, dafür zu sorgen, daß Ihre Partei ihr Recht behält, selbst wenn sie es niemals besessen hat. Sie müssen für Ihre Partei das Recht erstreiten und bewahren. Dazu ein alter Juristenwitz:

FALL 1:

Ein Amtsrichter hört sich zunächst den Kläger an und sagt: »Da haben Sie recht.« Daraufhin hört er sich den Beklagten an und sagt: »Da haben Sie recht.« Der Referendar aus dem Hintergrund: »Aber Herr Amtsrichter, beide können doch nicht recht haben.« Daraufhin der Amtsrichter: »Da haben Sie recht.«

Als Anwalt müssen Sie mit echter Überzeugungskraft
- für den *Vermieter* die Räumungsklage begründen und für den *Mieter* die Unzulässigkeit dieses Räumungsbegehrens,
- für den *Verkäufer* die Kaufpreisklage durchsetzen und für den *Käufer* die Mangelhaftigkeit der Ware,
- für den *Kraftfahrer* glaubhaft machen, daß Ihr Mandant bei Grün vorsichtig über die Kreuzung gefahren ist, und für das *Opfer*, daß selbiger wie ein Wilder bei Rot über die Kreuzung gerast ist.

Natürlich dürfen Sie *niemals in derselben Sache beide Parteien* vertreten, das wäre strafbarer Parteiverrat.

Sie sollen vom guten Recht Ihrer Partei überzeugt sein und kräftig mit deutlichen Worten vor Gericht auftreten, auch Ihr Mandant muß überzeugt werden. Goethe sagt:

»Wer das Recht auf seiner Seite fühlt, muß *derb* auftreten; ein höfliches Recht will gar nichts heißen.«

Stellung des Anwalts und Amtstracht

Als Anwalt sind Sie ein »Organ der Rechtspflege«. Über diesen Begriff gibt es in der einschlägigen juristischen Literatur seitenlange Ausführungen. Ohne langwieriges Literaturstudium können Sie sich hoffentlich vorstellen, wie wichtig ein Organ für die Menschheit ist. Trotzdem wird der Anwalt im Volksmund oft despektierlich als Linksanwalt oder Winkeladvokat bezeichnet oder schlimmer noch als Rechtsverdreher, Rechtslinksvertreter, Verhandlungsheizer, Prozeßweiterschiebling, Paragraphenbändiger. Derartige Bezeichnungen sind primitiv, da stehen Sie hoffentlich drüber!

Sie müssen sich selbst betrachten als *Kämpfer für das Recht* und als *Anwalt der Gerechtigkeit.*

FALL 2:

Der Anwalt hat nach langem aufregendem Prozeß endlich gewonnen. Seine Partei ist gerade in Kur. Der Anwalt telegrafiert: »Die gerechte Sache hat gesiegt!« Kommt ein Telegramm zurück: »Sofort Berufung einlegen.«

Im Kampf für das Recht tragen Sie als Anwalt ein Streithemd, eine sogenannte *Robe*. Der Alte Fritz soll diese Amtstracht eingeführt haben mit den Worten, daß jeder

»die Lumpen von weitem erkennen und sich vor ihnen in acht nehmen könne«.

Es ist bedauerlich, daß dieser ansonsten so große König die Anwaltschaft völlig falsch eingeschätzt hat. Man kann nur sagen, die Beurteilung ist überholt. Friedrich der Große kannte die heutigen Anwälte nicht.

Übrigens, die Herren im grünen Rock nennen sich am liebsten Anwälte des Wildes. Dagegen hat der verstorbene Bundespräsident Heuss das Waidwerk »als eine Nebenform menschlicher Geisteskrankheit« bezeichnet.

Freier Beruf oder Termine, Termine

Der Anwalt ist ein
>>freier Beruf<<, von nichts und niemandem abhängig, außer von seinen Terminen, dem Gericht, seinen Mandanten und dem *rechtzeitigen Eingang des Vorschusses*.

Als vielbeschäftigter Anwalt hetzen Sie von Termin zu Termin beim Amtsgericht, beim Landgericht, beim Arbeitsgericht, beim Verwaltungsgericht, beim Finanzgericht und Sozialgericht, zum Rathaus und zum Notar. Wenn Sie als junger Anwalt noch nicht genug Termine haben, dann müssen Sie wenigstens so tun als ob, denn sonst werden Sie niemals genug Termine bekommen.

Dabei bleibt es nicht aus, daß Sie zu dem einen oder anderen Termin verspätet kommen. Wer zu spät kommt, den bestraft – frei nach Gorbatschow – der Richter.

In **Zivilsachen** mit
Vertagungen auf den St. Nimmerleinstag
oder mit Versäumnisurteil.

In **Strafsachen** mit
Vorführungsbefehl und Haftbefehl
oder Verwerfung der Berufung.

Deshalb müssen Sie für jeden Fall immer ein paar passende **Ausreden** zur Verfügung haben.

Für den Amtsrichter und überhaupt für die unteren Gerichte reichen die üblichen Ausreden wie Stau auf der Autobahn, Terminüberschneidungen, notfalls Autopanne oder Beerdigung.

Bei den oberen Gerichten sollte man sich eine bessere Ausrede zurechtlegen.

Gute Ausreden:
Ich bitte, meine Verspätung zu entschuldigen
– die Verhandlung beim Bundesgerichtshof hat sich länger hingezogen als erwartet, ich habe nämlich den hohen Herren ein

paar juristische Knochen hingeworfen, woran sie länger zu kauen hatten;

- die Besprechung mit meinem Freund, dem Herrn Justizminister, hat etwas verspätet angefangen. Die hohen Tiere sind auch nicht mehr so pünktlich wie früher, ha ha. Ich habe aber meinem Freund gegenüber ausdrücklich Ihre vorzügliche Verhandlungsleitung gelobt;
- mein Flieger (nicht Flugzeug) aus London, wo ich vor dem Supreme Court aufgetreten bin, hatte leider Verspätung.

Schlechte Ausreden:
- Herr Vorsitzender, Sie sind doch sonst nie pünktlich mit Ihren Terminen.
- Die heutige Verhandlung war eigentlich völlig überflüssig; die Sache ist doch längst entscheidungsreif.
- Man wird ja mal verschlafen dürfen.

> Frau des Anwalts: »Wann kommt mein Mann nach Hause?« Sekretärin: »Er ist mit einem Ehebruch beschäftigt, und das dauert etwas länger.«

Erfahrung eines älteren Anwalts:
Ist der Anwalt pünktlich, läßt ihn das Gericht warten, oft stundenlang und meist ohne ein Wort der Entschuldigung.

Ist der Anwalt verspätet, dann ist ausnahmsweise das Gericht auf die Minute pünktlich und der vorsitzende Richter beleidigt.

Die Anwälte sind das Salz
in der Suppe des Lebens

Im Wirtschaftsleben weiß man längst, daß man ohne Anwälte nicht mehr auskommen kann; auch der Privatmann sollte heutzutage bereits beim Abschluß eines einfachen Vertrages einen Anwalt zu Rate ziehen.

Die Geschichte der Menschheit wäre anders verlaufen, wenn **Adam und Eva** − als sie aus dem Paradies vertrieben wurden − sofort einen Anwalt konsultiert hätten. Der Anwalt hätte erfolgreich das Gericht anrufen können, wenn es ein solches gegeben hätte, denn der Verzehr eines einzigen Apfels ist kein fristloser Kündigungsgrund. An eine fristlose Kündigung müssen strenge Anforderungen gestellt werden: Eine einmalige Entgleisung des Mieters stört den Hausfrieden in aller Regel nicht so nachhaltig, daß dem Vermieter die Fortsetzung des Mietverhältnisses nicht mehr zugemutet werden könnte (AG Münster WM 91/96). Mit einem Anwalt könnten wir noch heute im Paradies leben.

Auch Kain hätte, nachdem er seinen Bruder Abel erschlagen hatte, einen guten Anwalt gebraucht und so fort.

Langer Rede, kurzer Sinn:

Anwälte sind notwendig.

Deshalb ist der Beruf des Anwalts krisenfest. Die ganze Strafjustiz käme ohne notwendige Anwälte nicht aus.

Werner Koezwara schreibt in seinem Büchlein mit dem hübschen Titel: »Warum war Jesus nicht rechtsschutzversichert?!« (Eichborn Verlag):

Andererseits, und dies ist aus Sicht des Anwalts besonders erfreulich, nimmt die Kriminalität in Deutschland beständig zu:

alle drei Stunden geschieht ein Mord,
alle 42 Minuten ein Betrug,
alle drei Minuten eine Körperverletzung
und alle 22 Sekunden ein Diebstahl.

Oder, andersrum betrachtet: jeder Bürger wird im Laufe seines Lebens

    12,3 mal bestohlen,
     4,7 mal körperverletzt,
     3,8 mal betrogen
und   0,07 mal umgebracht!

Dies sind natürlich besorgniserregende Werte, und entsprechend üppig nimmt sich auch die volkswirtschaftliche Strafgesamtrechnung aus: Allein im Jahre 1990 wurden von deutschen Gerichten insgesamt 105.958 Jahre Haftstrafe verhängt. Dies wiederum bedeutet: jeder Bürger war − statistisch betrachtet − 15 Stunden, 23 Minuten und 8 Sekunden im Gefängnis.

Jugendtraum

»Stellen Sie sich vor«, erzählt der berühmte Anwalt auf der Party eines seiner Klienten, »mein Jugendtraum war, einmal ein richtiger Räuber zu werden.« »Da sind Sie ja zu beneiden«, erwidert der Gastgeber, »nur wenige Menschen erleben es, daß ihr Jugendtraum in Erfüllung geht.«

Nach den geschichtlichen und rechtsphilosophischen Ausführungen zum Beispiel des Rechtes und der Stellung des Anwalts in unserer Gesellschaftsordnung beginnen wir jetzt mit der *praktischen Arbeit und dem Thema*:

Gerichtliche und außergerichtliche Durchsetzung von Ansprüchen

Sie können Ihrer Partei auf zwei Arten zu ihrem Recht verhelfen: *außergerichtlich* oder *mittels eines Prozesses.*

Für Sie als Anwalt ist wichtig zu wissen, daß Sie für beide Tätigkeiten *Honorar* verlangen können.

Bei der prozessualen Tätigkeit eines Anwalts lassen sich die Gebühren – soweit Sie keine Honorarvereinbarung getroffen haben – anhand der Gebührentabelle auf den Pfennig genau ablesen. Bei der außergerichtlichen Tätigkeit haben Sie einen gewissen Spielraum.

Folgendes sollten Sie bei der Beratung eines neuen Klienten beachten:

Juristische Schwierigkeiten gibt es nicht für Leute mit Geld.

(Georg Bernard Shaw, irischer Dichter, 1856-1950)

FALL 3:

Kommt ein Metzgermeister ganz aufgeregt in die Praxis eines Anwalts gelaufen und fragt: »Kann ich den Halter eines Hundes schadenersatzpflichtig machen, wenn mir der Hund eine ganze Wurst aus dem Laden geklaut hat?« »Aber selbstverständlich«, antwortet der Anwalt. »Ja, dann müssen Sie mir 30 DM für die Wurst geben, Herr Rechtsanwalt, es wär nämlich Ihr Hund.« Darauf der Anwalt: »Dafür trete ich selbstverständlich ein. Dann bekomme ich jetzt nur 20 DM von Ihnen, denn meine Beratung kostet sonst 50 DM.«

Übrigens:
Eine Frage beim Anwalt kostet nichts, nur die Antwort.

FALL 4: Anwaltschaftliche Beratung

Sagt der Rechtsanwalt zu seinem Mandanten: »Ich würde Ihnen raten, die Sache zu vergessen. Wenn mich einer einen *Lumpen* nennt, dann lasse ich ihn ruhig reden und kümmere mich nicht darum.« Mandant: »Das ist auch etwas anderes, denn ich bin ein *ehrlicher* Mensch!«

Außergerichtliche Aufforderungsschreiben

Außergerichtlich gelingt die Durchsetzung von Ansprüchen meist viel schneller als bei Anrufung des Gerichts. Dort dauert es oft Jahre, bis Sie zu einer Entscheidung, aber dennoch nicht unbedingt zu Ihrem Recht kommen.

Ein Beispiel für die *schnelle außergerichtliche Durchsetzung* von Ansprüchen:

FALL 5:

In der Praxis des Anwalts steht ein schönes neues Ledersofa. Es war als Sonderangebot eines großen Möbelhauses von 985 auf 555 Mark herabgesetzt worden. Das Sofa stand gleich in der Eingangshalle und war auffallend beleuchtet. Der Anwalt wollte dieses Sofa kaufen, aber nach Auskunft des Verkäufers war es weder sofort noch später lieferbar, weder in der dortigen noch in einer anderen Filiale des Möbelhauses.

Der Anwalt schrieb einen geharnischten Brief an die Geschäftsleitung des Möbelhauses, in dem er sich wegen unzulässiger »*Lockvogelwerbung*« beschwerte. Eine solche Werbung hatte der Bundesgerichtshof ausdrücklich mißbilligt (BGH I ZR 46/81). Aufgrund dieses Briefes bekam der Anwalt *innerhalb von 24 Stunden* das Sofa in seine Praxis geliefert, natürlich zum Sonderpreis von 555 Mark.

In dieses Gebiet gehören auch die *Montagsknüller*. Das sind Sonderangebote, bei denen der Eindruck erweckt wird, daß man den Preisvorteil nur dann wahrnehmen könne, wenn man sofort — nämlich noch am Montag — zugreift. Auch das ist nach der Rechtsprechung des Bundesgerichtshofes unlautere Werbung.

Schadenersatzforderungen

Wenn Sie vom Gegner Schadenersatz fordern, dann müssen Sie ihm grundsätzlich ein *Verschulden* anlasten.

Dies ist ausnahmsweise ein erdachter Fall, aber Sie können dieses Schreiben für solche Fälle als **Muster** verwenden.

FALL 6:

Ein Teil der großen Mauer zwischen Himmel und Hölle ist eingestürzt. Niemand weiß, weshalb. Die Mauer muß aber wieder aufgebaut werden, und das kostet viel Geld. Beelzebub, der Chef der Hölle, läßt deshalb durch seine Anwälte an Gottvater schreiben:

Sehr geehrter Herr Gottvater!

Herr Beelzebub hat uns mit der Wahrnehmung seiner Interessen beauftragt und uns Vollmacht erteilt.

Wie Ihnen bekannt ist, ist ein Teil der großen Mauer eingestürzt. Es ist zweifelsfrei, daß dies von Ihnen bzw. den himmlischen Heerscharen verschuldet worden ist. Wir sind deshalb beauftragt, Sie schadensersatzpflichtig zu machen.

Gemäß anliegendem Kostenvoranschlag belaufen sich die Kosten für einen Wiederaufbau der Mauer auf 100.000,– DM zzgl. 15 % MwSt., also auf insgesamt 115.000,– DM. Meine Mandantschaft kann die Mehrwertsteuer nicht als Vorsteuer absetzen.

Außer der Hauptforderung haben Sie aus dem Gesichtspunkt des Schadenersatzes die Kosten für unsere Inanspruchnahme zu tragen.

7,5/10 Geschäftsgebühr gem. 118 I 1 BRAGO	DM	1.593,80
pauschale Nebenkosten	DM	40,00
4 Fotokopien à DM 1,-	DM	4,00
	DM	1.637,80
15 % MwSt.	DM	245,67
	DM	**1.883,47**

Wir fordern Sie auf, den Betrag von   **DM 115.000,00**
zuzüglich Kosten   **DM 1.883,47**
insgesamt   **DM 116.883,47**
innerhalb von 10 Tagen auf eines unserer Konten zu überweisen.

Sollte die Zahlung des Gesamtbetrages nicht fristgerecht erfolgen, werden wir ohne weitere Ankündigung gerichtliche Schritte gegen Sie einleiten.

Hochachtungsvoll
Advocati diaboli

Darauf antwortet Gottvater *postwendend:*

Sehr geehrte Herren Advocati diaboli!

Wir haben die angeforderte Summe aufgrund Ihres Schreibens sofort überwiesen. Wir fühlen uns am Einsturz der Mauer zwar nicht schuldig, aber wir haben hier im Himmel leider keine Anwälte.

Mit vorzüglicher Hochachtung
Gottvater

Übrigens: Wenn ein Jurist schreibt oder sagt, etwas sei »*zweifelsfrei*«, dafür aber keine durchschlagenden Argumente bringt, dann hat er – jedenfalls in den meisten Fällen – »*erhebliche Zweifel*«.

Verkehrsunfälle

Als Anwalt müssen Sie sich häufig mit Verkehrsunfällen befassen. Sie bemühen sich, für Ihre Mandanten möglichst hohe *Schadenersatzsummen* und *Schmerzensgeldbeträge* herauszuholen.
Dafür einige Tips:

FALL 7:

Der Anwalt prahlt im Kollegenkreis, daß er für einen Mandanten, der bei einem Verkehrsunfall mit einigen Prellungen davongekommen ist, eine so hohe Abfindung herausgeholt habe, daß dieser sein Leben lang nicht mehr zu arbeiten brauche. Allerdings habe er seinen Mandanten zu diesem Zwecke in einen Rollstuhl setzen müssen. Der Versicherungsvertreter habe geglaubt, sein Mandant sei gelähmt. »Aber um Gottes willen, Herr Kollege, da wird er ja den Rest seines Lebens im Rollstuhl verbringen müssen!« »Weit gefehlt, Herr Kollege! Ich habe meinem Mandanten schon eine Fahrkarte zur nächsten Wallfahrt nach Lourdes besorgt!«

Die Menschen sind heute unglaublich verdorben: Es wird immer schwieriger, sie zu betrügen.

Für einen Kontrahenten, der bei einem Verkehrsunfall unter Alkohol stand, wird die Situation selbst dann kritisch, wenn er richtig gefahren ist.

FALL 8:

Auf dem Kurfürstendamm/Ecke Knesebeckstraße stoßen zwei Autos zusammen. Es ist nicht viel passiert, aber beide Wagen haben erhebliche Blechschäden. Der eine Autofahrer steigt aus, holt eine Flasche Korn vom Rücksitz und bietet seinem Kontrahenten einen Schluck aus der Flasche an: »Nehmen Sie auf den Schreck erst mal einen kräftigen Schluck!«

Das tut der andere, reicht die Flasche zurück: »Und Sie?« Sagt der: »Nein, danke. Ich trinke erst nach der Blutprobe!«

Fragt der Mandant seinen Anwalt: »Was versteht man unter dem Bremsweg?« »Das ist die Strecke zwischen dem Augenblick, in dem man erschrickt, und dem, wo es kracht!«

FALL 9:

Beweisaufnahme: Eine Dame hat einen Verkehrsunfall verursacht. Nun spricht sie mit ihrem Anwalt. »Sehr kompliziert«, meint dieser, »wenn ich Sie recht verstanden habe, soll ich dem Gericht beweisen, daß der Fahrradfahrer, den Sie umgefahren haben, mit 150 über die Kreuzung raste und daß die Katze, die von rechts über die Straße lief, so groß war, daß sie Ihnen völlig die Sicht nahm!«

Briefe an Versicherungen

Nachstehend erhalten Sie einige Beispiele für Briefe Geschädigter, die die ARAG veröffentlicht hat.

So sollten Sie als Anwalt *nicht* formulieren:

* Dr. K. hat mir neue Zähne eingesetzt, die zu meiner Zufriedenheit ausgefallen sind.

* Ich bin schwer krank gewesen und zweimal fast gestorben. Da können Sie mir doch wenigstens das halbe Sterbegeld zahlen.

* Wenn ich krank werde, geht Sie das gar nichts an. Sie haben bloß zu zahlen, sonst verzichte ich in Zukunft ganz auf das Kranksein.

* Die Polizisten, die den Unfall aufnahmen, bekamen von meiner Braut alles gezeigt, was sie sehen wollten.

* Ich habe noch nie Fahrerflucht begangen. Im Gegenteil: Ich mußte immer weggetragen werden!

* Ich dachte, das Fenster sei offen, es war jedoch geschlossen, wie sich herausstellte, als ich meinen Kopf hindurchsteckte.

* Hiermit übersende ich Ihnen zwei Rechnungen von meiner Frau und den zwei Kindern, die gestern eingegangen sind.

* Ich teile Ihnen höflichst mit, daß meine Frau auf Anordnung von Dr. M. infolge eines Herzanfalls gestorben ist.

* Nach dem Tode meines Mannes ist kein größeres Rindvieh mehr auf dem Hofe befindlich.

* Ich habe nun so viele Formulare ausfüllen müssen, daß es mir lieber wäre, mein geliebter Mann wäre überhaupt nicht gestorben.

»Juristendeutsch«

Sie sollten als Anwalt leichtverständliche Briefe an Ihren Mandanten und prägnante Briefe an den Gegner schreiben; vermeiden Sie das sogenannte »*Juristendeutsch*« und das Zitieren unnötiger Paragraphen.

Ein Beispiel aus der Gesetzessprache:
§ 164 Abs. II BGB (*Vertretung ohne Vertretungsmacht*)
Tritt der Wille, in fremdem Namen zu handeln, nicht erkennbar hervor, so kommt der Mangel des Willens, im eigenen Namen zu handeln, nicht in Betracht.

Auch Richter drücken sich oft sehr unverständlich aus:

FALL 10 a:

Eine Zeugin wird vom Richter gefragt: »Wie heißen Sie?«
»Frieda Meier.«
»Und Ihr Alter.«
»Otto Meier.«

FALL 10 b:

»Angeklagter, Sie geben also zu, den Mann in einem Geschäft niedergeschlagen zu haben. War es eine Affekthandlung?«
»Nein, Herr Richter, ein Supermarkt.«

FALL 10 c:

Richter zum Angeklagten: »Gegen dieses Urteil können Sie Berufung einlegen. Sie können aber auch darauf verzichten.«
Angeklagter: »Dann verzichte ich auf das Urteil.«

FALL 11:

Der Anwalt hat einen mit Paragraphen gespickten Brief an einen Hundebesitzer geschrieben und Klage angedroht, falls der Hund weiterhin so viel und laut belle.
Der Hundebesitzer antwortete dem Anwalt:
Sehr geehrter Herr Rechtsanwalt!
Damit Sie meinen armen Hund nicht verklagen, habe ich ihm Ihren Brief zum Fressen gegeben. Daraufhin war er heute nacht ruhig. Für morgen kann ich nur garantieren, wenn Sie mir einen weiteren Brief dieser Art schicken!«

Die Sprache ist die Quelle der Mißverständnisse.

(Saint-Exépury, franz. Flieger und Schriftsteller, 1900-1944)

Klageerhebung

Wenn Sie außergerichtlich nicht weiterkommen, sind Sie gezwungen, bei Gericht Klage zu erheben. In der Klageschrift müssen Sie zugleich die *Beweismittel* angeben. Es genügt nicht, recht zu haben, man muß es auch beweisen können.

FALL 12:

Eine junge Frau wollte ein Haus kaufen und 10.000 DM schwarz zahlen. Deshalb erschien der Makler morgens früh vor dem Notartermin in der kleinen Wohnung der Klägerin, um sich die 10.000 DM zur Weiterleitung an den Verkäufer – ohne Quittung – abzuholen.

Der Notartermin platzte aus irgendeinem Grunde, jedenfalls wurde das Haus nicht verkauft. Der Makler behauptete gegenüber der Mandantin, er habe keine 10.000 DM bekommen. Der Anwalt klagte trotzdem namens der Mandantin diese 10.000 DM ein und präsentierte als Zeugen einen Freund der Klägerin. Dieser hatte nämlich die Nacht bei ihr verbracht und ausgesagt, er sei am Morgen noch sehr müde gewesen und habe deshalb hinter dem abteilenden Vorhang geschlafen. Als der Makler gekommen sei, sei er jedoch aufgewacht und habe alles mitgehört.

Mit diesem Zeugen konnte der Prozeß gewonnen werden.

Merken Sie sich also, daß es immer vorteilhaft ist, bei *Geschäften ohne Quittung* einen Zeugen hinter dem Sofa zu verstecken.

Klageerwiderung

Wenn Sie eine Klageschrift bekommen, müssen Sie *innerhalb einer bestimmten, vom Gericht gesetzten Frist* auf die Klage erwidern. Sie sind gehalten, *alle Verteidigungsmittel* sofort vorzubringen. Ein verzögertes Vorbringen könnte als »verspätet« zurückgewiesen werden.

   Sie können Ihren besten Trumpf also nicht bis zum letzten Stich aufheben.

FALL 13:

Der Kläger verlangt von Ihnen die Herausgabe einer blauen Tasse. Sie erwidern:

1. Die Tasse war nicht blau, sondern grün.
Vielleicht erreichen Sie schon mit diesem Argument, daß die Klage abgewiesen wird.

2. Ich habe die Tasse nie bekommen.
Das ist die beste Erwiderung, denn nun muß der Kläger die Übergabe der Tasse beweisen.

3. Die Tasse hat mir schon immer gehört, ich habe sie immer im Besitz gehabt, sie ist mein Eigentum; ich brauche sie deshalb nicht herauszugeben.

Hilfsweise könnten Sie folgendes vortragen:

4. Die Tasse ist mir kaputtgegangen, ohne daß mich ein Verschulden trifft.

5. Ich habe die Tasse von Ihnen geschenkt erhalten.

6. Ich habe die Tasse von Ihnen gekauft und bezahlt.

7. Ich habe die Tasse bereits zurückgegeben.
Die Argumente 4 bis 7 sind nicht so günstig, weil Sie Verlust, Schenkung, Bezahlung und Rückgabe beweisen müssen.

Im übrigen müssen Sie sich überlegen, wie Sie Ihre verschiedenen Argumente *mit Ihrer prozessualen Wahrheitspflicht* in Einklang bringen. Darin besteht auch die Kunst des Anwaltes.

Zum Fall der Tasse gibt es folgende Variante, in der es um die Rückzahlung von *Geld* geht:

FALL 14:

Richter: »Sie können also beschwören, dem Kläger das Geld zurückgezahlt zu haben?«

Beklagter: »Höchstwahrscheinlich.«

Richter: So geht das nicht. Sie können schwören, Sie haben das Geld zurückgezahlt oder Sie haben es nicht zurückgezahlt.«

Beklagter: »Ja, so möchte ich es schwören.«

Wahrheitspflicht

Vor Gericht gilt die *prozessuale Wahrheitspflicht*, aber gäbe es nur eine einzige Wahrheit, könnte man nicht hundert Bilder über ein einziges Thema malen (Pablo Picasso). Dazu der alte Adenauer:

> Es gibt drei Wahrheiten:
> die Wahrheit,
> die volle Wahrheit
> und die lautere Wahrheit.

Vor Gericht *»lügt«* man übrigens nicht, man *»sagt die Unwahrheit«*. Das ist nicht erlaubt, aber leider wird nirgends so viel gelogen wie vor Gericht. Dabei ist Lügen eine Kunst, die nur wenige verstehen. Frauen sind in bezug auf die Auslegung der Wahrheit sehr viel geschickter als Männer.

FALL 15:

Sitzen zwei Frauen auf der Parkbank und unterhalten sich über ihre Männer. Sagt die eine: »Ich verstehe dich nicht. Warum trittst du nicht offen und ehrlich vor deinen Mann und lügst ihm was vor?«

FALL 16:

Der Angeklagte im Strafprozeß hat (anders als der Beklagte im Zivilprozeß) keine Wahrheitspflicht:
Der Weinhändler steht wegen Panscherei vor Gericht. »Herr Richter, ich bin unschuldig! Das Wasser haben meine Kinder in den Wein geschüttet.« Die Kinder werden als Zeugen aufgerufen. »Habt ihr das Wasser in den Wein geschüttet?« »Ja, beim Spielen.« »Was habt ihr denn gespielt?« »Weinhändler!«

Versäumnisurteil

Wichtig ist, daß Sie die vom Gericht gesetzten Fristen einhalten und zum Termin erscheinen. Erscheinen Sie nicht, kann gegen Sie ein Versäumnisurteil ergehen, das auch im schriftlichen Verfahren erlassen werden kann.

Gegen das Versäumnisurteil können Sie *Einspruch* einlegen. Wenn Sie aber *zum zweiten Termin* wieder nicht erscheinen, ergeht gegen Sie ein sogenanntes *zweites Versäumnisurteil*, das praktisch unanfechtbar ist.

FALL 17:

Der Neffe will von seiner reichen alten Tante 3.000 DM haben. Die Tante rückt aber kein Geld heraus, also verklagt er sie. Auf dem Gericht treffen sich Neffe und Tante. Da sagt der Neffe: »Tantchen, der Termin findet nicht auf Zimmer 5, sondern auf Zimmer 505 statt.« Die Tante traut sich nicht in den Aufzug und trappelt langsam ganz nach oben in den fünften Stock zum Zimmer 505. Dort sagt man, es sei das falsche Zimmer und sie müsse doch auf Zimmer 5.

Als sie unten ankommt, hat der Neffe schon das *erste* Versäumnisurteil gegen sie genommen. Die Tante ist furchtbar wütend und legt sofort Einspruch ein. Es kommt zum neuen Termin.

Wieder treffen sich die Parteien. Im Gerichtsgebäude sind zufällig Bauarbeiten. Da sagt der Neffe: »Du hast mich das vorige Mal falsch verstanden. Heute erst findet der Termin auf Zimmer 505 statt, weil hier gebaut wird.« Die Tante trappelt wieder los, und der Neffe nimmt auf Zimmer 5 das *zweite* Versäumnisurteil. Damit hat er ein *fast unanfechtbares Urteil* in der Hand.

Er kann mit diesem Urteil den gewünschten Betrag in Höhe von 3.000 DM im Wege der Zwangsvollstreckung einziehen, plus Zinsen und Kosten. Das ist nicht die ganz feine Art; aber vielleicht kann man der Tante über »*Treu und Glauben*« helfen.

Übrigens: Die Gerichte müssen mit dem Erlaß eines Versäumnisurteils *15 Minuten* warten.

Das erste... und das Hauptsächlichste bei allen irdischen Dingen ist **Ort und Stunde.**

(*Schiller*, 1759-1805, »Piccolomini«)

Beweismittel

Im Prozeß müssen Sie, wie bereits gesagt, Ihren Anspruch, Ihr Recht beweisen. Es gilt die Grundregel: *Jede Partei muß die Tatsachen beweisen, die für sie günstig sind.* Man nennt das *Beweispflicht*. Es ist eigentlich keine Pflicht, aber wer sich nicht daran hält, verliert meistens den Prozeß.

FALL 18:

Sie haben von jemandem 10.000 DM zu bekommen, besitzen aber keine Beweismittel, weil Sie das Geld ohne Quittung übergeben haben. Vorschlag: Sie verlangen 20.000 DM. Dann schreibt der Gegner wutschnaubend zurück: Das ist eine Frechheit: Sie haben mir nur 10.000 DM gegeben. Damit hat der Gegner die 10.000 DM, die Sie von ihm haben wollen, zugestanden.

Zugestandene Tatsachen bedürfen keines Beweises.
Dazu folgende Variante:

FALL 19:

Sie haben sich von Ihrem Freund ohne Quittung 10.000 DM geborgt. Das Geld haben Sie ihm pünktlich zurückgegeben, ebenfalls ohne Quittung. Damit war die Sache für Sie erledigt.

Trotzdem schreibt Ihnen der Freund eines Tages: »Du schuldest mir noch 10.000 DM. Bitte gib mir die 10.000 DM zurück.«

Die Freundschaft ist damit ex.

Wenn Sie jetzt zurückschreiben würden: »Es stimmt, daß du mir damals 10.000 DM gegeben hast, aber die habe ich dir längst zurückgegeben«, *müßten Sie die Rückgabe beweisen.* Dazu wären Sie nicht in der Lage.

Folglich schreiben Sie an Ihren Freund: »Ich habe von Dir nie 10.000 DM erhalten.« *Dann muß er beweisen*, daß er Ihnen das Geld gegeben hat. Diesen Beweis kann er nicht führen, also wird er mit seiner Klage abgewiesen.

Zeugen

Das häufigste Beweismittel sind *Zeugen*. Das sind die Leute, die vom Gericht vorgeladen werden, dort meist ziemlich lange warten müssen, bis sie schließlich gefragt werden, was sie irgendwann einmal gesehen oder gehört oder selber getan oder gedacht haben. Ihre Aussagen werden vom Richter in ein Diktiergerät gesprochen oder einer Protokollführerin diktiert. Mit anderen Worten: Sie werden aus der unordentlichen Redeweise des Zeugen in die saubere und ehrbare Aktensprache übertragen.

Wenn das Protokoll nach der Vernehmung dem Zeugen ausnahmsweise vorgelesen wird, erkennt er manchmal seine eigene Aussage nicht wieder; er traut sich aber nicht, dies laut auszusprechen, so daß es im Protokoll am Ende immer heißt: »Vorgelesen und genehmigt.«

FALL 20:

Sagt der Richter zum Zeugen: »Woher wissen Sie, daß Sie genau 8,50 m von der Unfallstelle entfernt standen?«

Ich hatte sofort nachgemessen. Ich hatte schon geahnt, daß mich später vor Gericht irgendso ein Rindviech nach der Entfernung fragen würde.«

Eine goldene Regel für den Anwalt:
Wenn in einem Prozeß die Zeugenaussagen über das tatsächliche Geschehen für Ihre Partei ungünstig sind, dann müssen Sie als Anwalt auf die Rechtslage zu sprechen kommen.

Ist die Rechtslage ungünstig, sollten Sie sich mit dem tatsächlichen Geschehen gemäß den Zeugenaussagen befassen.

Sind sowohl die Zeugenaussagen als auch die Rechtslage ungünstig, sollte der Anwalt lauthals zu schimpfen beginnen. Das lenkt die Aufmerksamkeit des Gerichts von den Schwachstellen seiner Argumentation ab.

FALL 21:

Es geht um Geschlechtsverkehr. Frage des Richters: »Haben Sie mit diesem Mädchen Verkehr gehabt?«

»Jawohl«, sagt der Zeuge, »sehr oft!« Die Klägerin ist wütend und behauptet das Gegenteil.

Der Richter: »Wollen Sie es wirklich auf Ihr Gewissen nehmen und notfalls beeiden, daß Sie dieser jungen Frau beigewohnt haben?«

Der Zeuge: »Das nicht, gewohnt habe ich nie bei ihr.«

Der Richter: »Wer spricht denn davon? Ich will wissen, ob Sie mit ihr geschlechtlich verkehrt haben.«

Der Zeuge: »Keine Spur, wir haben uns nur öfter getroffen, weil sie aus der Nachbarschaft ist, sonst ist nichts passiert.«

Der Richter: »Zum Teufel! Warum sagen Sie das nicht gleich?«

Der Zeuge: »Weil Sie mich nur nach Verkehr gefragt haben!«

Als Anwalt müssen Sie sich damit abfinden, daß Zeugen selten das sagen, was man von ihnen erwartet.

Übrigens irrte Goethe, als er im »Faust« dichtete: *»Dank zweier Zeugen Mund wird allerwärts die Wahrheit kund.«* Dies war zwar mittelalterliches Prozeßrecht, entspricht aber nicht der Lebenswirklichkeit.

FALL 22:

Es staunte der Freund: »Warum hast du denn die eine Seite deines Autos blau und die andere grün lackieren lassen?« »Ganz einfach – du solltest mal sehen, wie sich da die Zeugen widersprechen!«

Wahrheitsbeweis

Richter: »Herr Zeuge, Sie können beschwören, daß der Beklagte den Kläger einen Vollidioten genannt hat?«

»Das kann ich nicht beschwören, weil ich es nicht gehört habe, doch daß der Kläger tatsächlich ein Vollidiot ist, das kann ich beschwören.«

»Alle wollen ihr Recht. Aber Recht gibt es hier nicht. Hier gibt es nur ein Urteil.«

Sachverständige

Ein anderes Beweismittel sind die Sachverständigengutachten. Man unterscheidet zwischen vom Gericht eingeholten Gutachten und Parteigutachten. Das Parteigutachten holen Sie sich selbst beim Sachverständigen. Wenn es Ihnen gefällt, reichen Sie es im Prozeß ein. Wenn es Ihnen nicht gefällt, werfen Sie es in den Papierkorb.

FALL 23:

Ein Apotheker hat ein Schlankheitsmittel hergestellt und will die Wirksamkeit dieses Mittels durch ein entsprechendes Sachverständigengutachten untermauern. Auf seine Anforderung schickt ihm der Professor ein entsprechendes Gutachten mit dem Schlußsatz, daß dieses Mittel sehr geeignet sei, magersüchtigen Personen zu einer vollschlanken Figur zu verhelfen.

Der Apotheker rast vor Wut über dieses Gutachten und schreibt dem Professor einen geharnischten Brief.

Dieser antwortet: »Da sind Sie selbst schuld. Sie müssen dem Gutachter genau mitteilen, zu welchem Ergebnis er kommen soll. Dann weiß der Gutachter Bescheid, und Sie bekommen – für Ihr Geld – ein entsprechendes Gutachten.

Übrigens ist es unzulässig, Bandwurmeier als Schlankheitsmittel zu verkaufen, auch wenn man sie mit dem richtigen lateinischen Namen als *Ovi Taeniasis* bezeichnet.

Wer »nikotinfreien Kaffee« oder »koffeinfreie Zigaretten« anbietet, macht sich ebenfalls der unlauteren Täuschung im Wettbewerb schuldig.

Die zehn Gebote sind deshalb so kurz und verständlich, weil sie ohne Mitwirkung einer Sachverständigen-Kommission entstanden sind.

(Charles de Gaulle, franz. Staatsmann, 1890-1970)

Urkundenbeweis

Urkunden sind das beste Beweismittel.

FALL 24:

Der Anwalt hatte eine Rentnerin zu vertreten. Sie hatte einen Farbfernseher bei einem kleinen Elektrohändler gekauft, aber nicht bezahlt. Die Frau hatte schließlich versprochen, daß sich der Händler die 2.000 DM am Sonnabend in ihrer Wohnung abholen könne. Der Händler war also zur Wohnung gegangen, aber niemand hatte geöffnet. Deshalb hatte der Händler einen Mahnbrief geschrieben – und zwar, mangels anderen Papiers, auf einem Quittungsblock. »Zahlen Sie sofort die 2.000 DM in meinem Geschäft ein; Unterschrift.«

Die Rentnerin hat möglicherweise auf der Quittung etwas radiert. Jedenfalls konnte man deutliche Radierspuren erkennen, aber es stand noch zu lesen: Quittung, 2.000 DM und die Unterschrift des Händlers.

Der Händler hat vor Gericht in I. Instanz alle Umstände recht glaubhaft vorgetragen. Deshalb wurde die Rentnerin zur Zahlung verurteilt.

Die Beschuldigte hatte aber ihrem Anwalt gegenüber erklärt, sie habe die 2.000 DM wirklich bezahlt, die Quittung sei rechtens. Deshalb legte der Anwalt *Berufung* ein. In II. Instanz gewann die Rentnerin tatsächlich den Prozeß. Das Berufungsgericht führte aus, *Quittung sei Quittung*, und wenn ein Kaufmann im Geschäftsverkehr ein Quittungsformular verwende, dann müsse er sich auch eine solche Quittung entgegenhalten lassen.

Ob die Entscheidung des Berufungsgerichts rechtens ist, mag man bezweifeln, aber der Anwalt der Rentnerin konnte mit dem Urteil zufrieden sein.

Außer dem Licht wird nichts auf Erden so oft gebrochen wie das Recht.

(Alfred Polgar, österr. Kritiker, 1873-1955)

Verzögerung und
abwegige Rechtsauffassung

Es ist traurig, aber wahr: Wer von Anfang an alles eingesteht, der
hat meist verspielt. Am günstigsten fahren oft die, die alles bestreiten, das Verfahren bewußt verzögern und sämtliche Rechts-
mittel ausnutzen.

Als Anwalt werden Sie oft beauftragt, einen Prozeß zu führen,
bei dem die Prozeßchancen miserabel sind. Soweit Ihre Partei Beklagte ist, hat sie unter Umständen das legitime Interesse, den
Prozeß in die Länge zu ziehen nach dem Motto:

Aufgeschoben ist so gut wie aufgehoben.

Als Anwalt dürfen Sie eine »schlechte« Sache nicht unbedingt
ablehnen.

Es gehört zu Ihren Berufspflichten, einen Mandanten auch gegen Ihre eigene Überzeugung vor Gericht zu vertreten. Sie sollten
aber dafür Sorge tragen, daß Ihnen die Mandantenvertretung
nicht zum Nachteil gereicht, denn als Anwalt müssen Sie um Ihren guten Ruf besorgt sein.

Deshalb gebrauchen Sie in solchen Schriftsätzen *Redewendun-
gen* wie:

– Mein Mandant läßt vortragen . . .
– Meine Mandantschaft legt besonderen Wert auf die Argumentation . . .

Dann wissen Insider, daß die vorgetragenen – möglicherweise
unsinnigen – Argumente nicht von Ihnen, sondern von Ihrem
Mandanten stammen.

Wenn es dann in einem Urteil z.B. heißt: »Mit der Klage läßt
der Kläger durch seinen Prozeßvertreter vortragen . . .«, wird dadurch vom Gericht zum Ausdruck gebracht, daß man Ihnen diese
verquere Rechtsauffassung nicht anlastet.

Aussichtslose und zweifelhafte Prozesse

Es gibt keine aussichtslosen Prozesse. Es gibt jedoch Prozesse, die man eigentlich nicht gewinnen dürfte.

> Das Recht ist eine bodenlose Grube.
>
> *(Arbuthnot*, engl. Satiriker, 1667-1735)

FALL 25:

Zwei Amtsrichter gehen gemeinsam durch den Park. Plötzlich kommt ein Mann angerannt und beschuldigt den einen, sein Hund habe ihm die Hose zerrissen, er fordere dafür 100 DM Schadenersatz. Der Richter gibt ihm anstandslos die 100 DM. Erstaunt fragt sein Kollege: »Aber wie kannst du ihm 100 DM geben? Du hast doch gar keinen Hund!«

Antwortet der andere: »Weiß ich, wie unser Amtsgericht diesen Fall entscheiden wird?«

FALL 26:

»Was ist denn mit dir passiert?« fragt Karsten seinen Freund, der mit Krücken angehumpelt kommt. »Ich bin von einem Auto angefahren worden.« »Schrecklich! Und ohne Krücken kannst du nicht laufen?« »Ich weiß es nicht. Mein Arzt sagt ja, mein Anwalt nein!«

Es gibt natürlich Prozesse, deren Ausgang sehr *kritisch* zu beurteilen sind. Aber auch da kann man sich helfen.

FALL 27:

Ein Bauer sagt zu seinem Anwalt: »Was halten Sie davon, wenn ich dem Richter zum Martinsfest eine fette Gans schicke?« Der Anwalt erwidert: »Um Gottes willen, das können Sie gerade bei diesem Richter nicht machen. Sie würden auf jeden Fall den Prozeß verlieren.«

Der Prozeß wird gewonnen, und der Bauer kommt schmunzelnd zu seinem Anwalt: »Und ich habe dem Richter doch eine Gans geschenkt, allerdings unter dem Namen meines Prozeßgegners.«

Der Prozeß ist eine Maschine, in die man als Schwein eingeht und die man als Wurst verläßt.

(Bierce, amerik. Satiriker, 1842-1914)

Beitreibung

Wenn Sie nach einem gewonnenen Prozeß vom Gegner Ihr Geld nicht erhalten, müssen Sie einen Gerichtsvollzieher mit der Vollstreckung des Urteils beauftragen.

Dazu eine wichtige Bemerkung: Sie können heute den Gerichtsvollzieher, wenn er zu Ihnen in die Wohnung kommt, erst einmal wegschicken. In *Artikel 13 unseres Grundgesetzes* heißt es: *»Die Wohnung ist unverletzlich!* Durchsuchungen dürfen nur durch den Richter, bei Gefahr im Verzuge auch durch andere Organe angeordnet und durchgeführt werden.«

Deshalb weisen Sie beim ersten Versuch den Gerichtsvollzieher ab; er kommt dann nach 2 oder 6 Wochen mit einem richterlichen Durchsuchungsbefehl wieder. Bis dahin haben Sie Zeit, die notwendige »Vorsorge« zu treffen. Deswegen verlaufen heute die Mobiliar-Zwangsvollstreckungen durch den Gerichtsvollzieher fast immer fruchtlos.

Wer Geld zu kriegen hat, sollte sich selbst ein Pfand besorgen.

FALL 28:

Als ein Gast nicht bezahlen wollte, schrieb ein Wirt den Namen des Schuldners mit der Kreide auf eine Tafel in der Wirtschaft. Als sich der Gast darüber beschwerte, machte ihm der Wirt den Vorschlag, er solle doch seinen Mantel drüberhängen. Das tat der Gast, und der Wirt hatte damit sein Pfand.

Wo Geld ist, da ist der Teufel, und wo keines ist, da ist er zweimal.

(Sprichwort)

Strafrecht

Im Strafrecht gelten besondere Regeln. Für den Anwalt gehört auch etwas Show dazu.

Als Strafverteidiger braucht man nicht die ganze Wahrheit zu wissen. Es ist standesrechtlich höchst umstritten, ob der Anwalt einen Dieb auf Freispruch verteidigen darf, wenn der Dieb ihm vorher die Tat gestanden hat.

FALL 29:

Der Verteidiger hatte dem Angeklagten wegen Diebstahls einer goldenen Uhr zu einem Freispruch wegen erwiesener Unschuld verholfen. Fragt der Freigesprochene nach der Verhandlung den Anwalt: »Darf ich jetzt die Uhr tragen?«

Peinlich ist für den Anwalt auch folgendes:

FALL 30:

Jemand ist angeklagt, 10 Goldmünzen gestohlen zu haben. Sie sollen ihn auf Freispruch verteidigen. Sie sagen zum Mandanten: »Sie müssen mir aber einen Vorschuß zahlen.« »Tut mir leid, ich habe kein Geld, ich kann Ihnen allenfalls 5 Goldmünzen geben. Etwas muß ich auch für mich behalten.«

Gerade in Strafsachen gilt, daß man jede Sache von zwei Seiten betrachten kann.

FALL 31: wegen Hehlerei

»Haben Sie denn«, sagte der Richter, »nicht gedacht, daß die Waren, die Sie so billig gekauft haben, von Spitzbuben gestohlen sein müssen?«

»Nein, Herr Richter. Ich halte die Leute für Spitzbuben, die ihre Ware zu teuer verkaufen.«

Auch Sie können – ohne zugelassener Rechtsanwalt zu sein – mit Genehmigung des Gerichtes als *Verteidiger* für Ihren Freund oder ihre Freundin auftreten, *soweit kein Fall notwendiger Verteidigung vorliegt*, d.h. *kein schweres Delikt* zur Aburteilung ansteht.

Starverteidiger

Wenn ein besonderer Fall ansteht, kommt ein Starverteidiger.

FALL 32:

Nach dem Freispruch fragt der Starverteidiger seinen Mandanten: »Nun will ich ehrlich wissen, ob Sie das Verbrechen begangen haben?« »Denken Sie, sonst hätte ich so einen teuren Verteidiger genommen?«

Man fragt sich manchmal, wie können so arme Schweine solch teure Verteidiger bezahlen, deren Honorare sich in manchen Fällen in Größenordnungen von 100.000 DM und mehr bewegen können. Dafür gibt es eine ganz einfache Erklärung: Die Illustrierten zahlen für Hintergrundinformationen tolle Honorare.

Wenn ein Penner seinen Kumpel umbringt, interessiert das die Öffentlichkeit kaum. Es wird allenfalls eine kleine Notiz in der Lokalzeitung erscheinen. Wenn ein Prominenter seiner Gattin den eingeschalteten Fön in die Badewanne wirft, wird es für die Medien interessant: Mord oder Unfall? Wenn aber jemand gleich 5 oder 6 Frauen auf dem Gewissen hat, dann ist das ein richtiger Fall für unsere Sensationspresse.

So gab es in Mönchengladbach eine Frau, die ihren Mann umgebracht, kleingehackt, in handliche Päckchen verpackt und tiefgefroren hatte. Später hatte sie die Päckchen im Park verteilt. Als man in ihre Wohnung eindrang, fand man in der Badewanne Schlangen und anderes ekliges Getier. Sie hieß bald »die Hexe von Mönchengladbach«. Diese Dame war für die Illustrierten ein »gefundenes Fressen«. In einem solchen Fall will man wissen, wie sich diese Hexe als Kind benommen hat, ob sie ihr Schaukelpferd geschlagen, ihre Eltern gepiesackt, ihre kleine Schwester gequält hat usw. Dafür zahlen unsere Illustrierten dicke Gelder; und so kommen die Verteidiger zu ihren Honoraren. Allerdings sind Bestrebungen im Gange, dies zu unterbinden.

Pflichtverteidiger

Bei schweren Delikten, sogenannten *Verbrechen*, muß der Angeklagte einen Verteidiger haben, man spricht von *notwendiger Verteidigung*. Wenn sich der Angeklagte keinen Wahlverteidiger nimmt – obwohl er ihn bezahlen könnte –, bekommt er einen *Pflichtverteidiger* beigeordnet. Dieser wird aus der Staatskasse bezahlt; im Fall der Verurteilung stehen seine Kosten auf der Gerichtskostenrechnung.

FALL 33:

Fragt der Vorsitzende: »Warum haben Sie sich denn keinen Wahlverteidiger genommen? Sie haben doch Geld genug.«

Antwort des Angeklagte: »Ich will doch etwas übrig behalten.«

Das Honorar des Pflichtverteidigers ist meist nicht so hoch wie das frei vereinbarte Honorar.

Leute, die Geld haben, werden von der Polizei entweder gesucht oder beschützt.

Aus der Hauptverhandlung – Vorstrafen

FALL 36:

Sagt der Richter zum Angeklagten: »Sie wollen keine Vorstrafen haben, ich hab' Sie doch schon so oft gesehen.«
   »Schon möglich, Herr Richter, ich bin Hausmeister im Bordell.«

FALL 37:

»Die Aussagen Ihres Mittäters stimmen mit Ihren Aussagen überhaupt nicht überein!«
   »Das glaube ich sofort: Der lügt sicher auch!«

FALL 38:

Richter zum Angeklagten: »Sie sind des Einbruchs überführt durch Ihre Fingerabdrücke.«
   Angeklagter: »Ich kann beweisen, daß ich es nicht gewesen bin. Ich hatte Handschuhe an.«

Übrigens: Auch öl- oder fettverschmierte Finger geben keine brauchbaren Fingerabdrücke ab.

Wahlfeststellung

Im Strafrecht gibt es keine Wahlfeststellung bezüglich des Täters.

FALL 39 a:

Ein Auto rast in falscher Richtung in die Einbahnstraße: Unfall. Vater und erwachsener Sohn springen aus dem Auto. Vater beschuldigt lauthals seinen Sohn, falsch gefahren zu sein. Der Sohn beschuldigt ebenso lauthals seinen Vater. **Eine würdelose Auseinandersetzung** zwischen Vater und Sohn, aber wahrscheinlich Freispruch, denn nur einer kann gefahren sein.

FALL 39 b:

Der gleiche Unfall. Vater und der erwachsene Sohn springen aus dem Auto, **aber der Vater bezichtigt sich selbst**, falsch gefahren zu sein. Der Sohn bezichtigt sich ebenfalls selbst und behauptet, sein Vater opfere sich für ihn. **Welch' edle Selbstbezichtigungen.** Das hört sich doch viel besser an und führt ebenfalls zum Freispruch (wenn keine sonstigen Zeugen vorhanden sind).

Beliebte Variante:
Betrunkener Ehemann fährt, seine treusorgende Gattin sitzt mit Führerschein neben ihm.

FALL 40:

Frau log für betrunkenen Ehemann — Freispruch!
Mit zwei Promille Alkohol im Blut prallte ein Mann mit seinem Auto gegen einen Laternenmast. Anschließend wankte er zu Fuß nach Hause. Der kurz darauf erschienenen Polizei erklärte die Frau, sie habe den Wagen gefahren. Und vor Gericht kam sie mit der Lüge durch. Sie habe keine Straftat vorgetäuscht, urteilte der erste Strafsenat des Pfälzischen Oberlandesgerichts Zweibrücken. (Az. 1 Ss 272/90). Eine Bestrafung käme nur dann in Betracht, wenn die Frau in betrunkenem Zustand gefahren wäre. Sie war aber nüchtern und nicht gefahren. (Express, 19.3.91.)

Anwaltschaftliche Kommentierung zu § 242 StGB − Diebstahl

Der § 242 StGB lautet:
Wer eine fremde bewegliche Sache einem anderen in der Absicht wegnimmt, dieselbe sich rechtswidrig zuzueignen, wird mit Freiheitsstrafe bis zu 5 Jahren oder mit Geldstrafe bestraft. Der Versuch ist strafbar.

Diebstahl ist das häufigste Delikt. Deshalb muß man sich als Anwalt viel damit beschäftigen. Neben dem einfachen Diebstahl gibt es den **schweren Diebstahl,** bei dem der Täter durch Einbrechen, Einsteigen oder mit falschen Schlüsseln eine Sache stiehlt, gewerbsmäßig oder in einer Kirche oder Museum, bei einem Unglücksfall oder gemeiner Gefahr. In solchen Fällen gibt es Freiheitsstrafen von 3 Monaten bis zu 10 Jahren. (§ 243 StGB)

Die Unterscheidung zwischen einfachem und schwerem Diebstahl ist schwierig. Wenn zum Beispiel der Täter in einer fremden Wohnung einen zugeklebten Briefumschlag an Ort und Stelle aufschneidet, den Inhalt an sich nimmt, dann ist es ein Einbruchdiebstahl. Greift sich aber der Täter eine versperrte schwere Stahlkassette und schleppt sie weg, um sie zu Hause in Ruhe aufzubrechen, so ist dies nach dem Wortlaut des Gesetzes nur ein einfacher Diebstahl.

Klettert ein Täter an der Außenseite auf einen Kirchturm unter Lebensgefahr hinauf, um den Wetterhahn zu stehlen, so ist dies ein einfacher Diebstahl; steigt er aber zum Stehlen über einen niedrigen Zaun, so wird er wegen schweren Diebstahls bestraft.

FALL 41:

Richter zum Angeklagten: »Als Sie die beiden Schweine gestohlen haben, war da die Stalltür offen oder geschlossen?«

Ehrlich kommt die Antwort: »Offengestanden: geschlossen.«

Ergebnis: Schwerer Diebstahl, Mindesstrafe 3 Monate.

Hätte sich der vorstehend erwähnte Täter anwaltschaftlich beraten lassen, dann wäre die Stalltür sicherlich offen gewesen, und er wäre nur wegen einfachen Diebstahls bestraft worden.

Übrigens: Diebstahl ist die Wegnahme einer **fremden** beweglichen Sache. Wer aus Versehen seine eigenen Sachen stiehlt, weil er sie für fremde Sachen hält, kann **wegen Versuchs** bestraft werden.

Außerdem ist Diebstahl immer nur die Wegnahme einer **Sache**.

Da kam ein findiger Monteur — es ist schon lange her — auf den klugen Gedanken, zur Beleuchtung seiner eigenen Wohnung die an seinem Haus vorbeiführende städtische Stromleitung anzuzapfen, um sich so billig mit elektrischer Energie zu versorgen. Er wurde entdeckt und wegen Diebstahls angeklagt. Dem Gericht blieben aber Zweifel, ob elektrische Energie überhaupt eine Sache ist. Der Fall kam bis vor das Reichsgericht. Das Reichsgericht entschied: Die Elektrizität ist keine Sache und der Monteur wurde freigesprochen. (RG 29 111; 32 165)

Nach neuesten wissenschaftlichen Erkenntnissen soll Elektrizität doch eine Sache sein, nämlich ein Strom aus kleinsten Atomteilchen.

Allerdings weiß man das nicht ganz genau, und außerdem kommt es nicht mehr darauf an, denn der Gesetzgeber hat inzwischen den § 248 c StGB geschaffen, wonach die Entziehung elektrischer Energie wie Diebstahl bestraft wird.

Der Täter muß die Absicht haben, sich die Sache auf Dauer

zuzueignen. Wenn er behauptet, die Sache nur weggenommen zu haben, um den Besitzer zu ärgern oder zu reizen, dann ist das kein Diebstahl. (BayObLG NJW 92/2040)

An der Zueignungsabsicht fehlt es auch, wenn der Täter die Sache für eigene Zwecke gebrauchen will, ohne dabei das fremde Eigentum zu leugnen. »Ich habe mir das Buch nur aus der Bibliothek geholt, um es zu studieren. Ich werde es nach Gebrauch sofort zurückgeben.« Oder: Wenn der Täter die Sache wegnimmt, um sie dem Eigentümer gegen »Finderlohn« zurückzugeben. Bei einer solchen Einlassung kann dem Täter geholfen werden. Allerdings nicht bei Kraftfahrzeugen. Dafür gibt es die Bestimmung des § 248 b StGB:

Wer ein Kraftfahrzeug oder ein Fahrrad gegen den Willen des Berechtigten in Gebrauch nimmt, wird mit Freiheitsstrafe bis zu 3 Jahren oder mit Geldstrafe bestraft, wenn die Tat nicht in anderen Vorschriften mit schwerer Strafe bedroht ist.
Der Versuch ist strafbar.
Die Tat wird nur auf Antrag verfolgt.

Der frühere **Mundraub** (§ 370 I, Nr. 5 StGB, alte Fassung) und die Notentwendung (§ 248 a StGB, alte Fassung) sind leider weggefallen. Jetzt gibt es nur noch den Haus- und Familiendiebstahl (§ 247 StGB) und den Diebstahl und die Unterschlagung geringwertiger Sachen (§ 248 a StGB).

Dazu gehören die beliebten **Ladendiebstähle**, die heutzutage meistens nach Bußgeldzahlung eingestellt werden.

Das 6. Kommissariat im Polizeipräsidium Köln hat folgende verwertbare Ausreden von Ladendieben gesammelt:

Ausreden von Ladendieben
– Ich hatte getrunken.
– Das hat das Kind getan.
– Ich weiß nicht, wie man in Selbstbedienungsläden einkauft.
– Ich wollte nur umtauschen.
– Die Kassiererin war nicht da.
– Ich wollte meinem Mann die Sachen nur draußen zeigen.
– Ich wollte die Aufmerksamkeit des Personals testen.

- Ich wollte die Sachen bei Tageslicht besehen.
- Ich dachte, mein Mann hätte alles bezahlt.
- Ich hatte ein unschönes sexuelles Erlebnis
  und wußte nicht, was ich tat.
- Ich bin blind, ich kann nicht sehen!
- Ich dachte, die Kasse wäre draußen.
- Ich vergesse soviel, seit meine Frau tot ist.

Als Verteidiger haben Sie also gute Argumente. Außerdem fordern die Werbeabteilungen der Kaufhäuser geradezu zum Diebstahl auf mit Floskeln wie: »Greif zu«, »Nimm zwei«, »Halb geschenkt«, »Wir räumen auf«.

Die Frage ist, ob **Kleptomanie** eine Krankheit ist.

Der wegen Diebstahls Angeklagte behauptet, daß er kurz vorher eine Bluttransfusion und damit anscheinend das Blut eines Kleptomanen erhalten habe. Der Verteidiger tönt, daß man dies dem Angeklagten schließlich nicht widerlegen könne und daß im Zweifel für den Angeklagten entschieden werden müsse. Allerdings lassen sich die Richter davon meist nicht beeinflussen, sprechen von Schutzbehauptungen und verhängen die übliche Strafe.

> »Hohes Gericht, bitte denken Sie bei der Urteilsfindung daran, daß mein Mandant schwerhörig ist.« »Was hat das mit den Diebstählen zu tun?« »Er konnte die Stimme seines Gewissens nicht hören!«

Anwaltschaftliche Kommentierung zu § 263 StGB — Betrug —

Der § 263 StGB lautet:
Wer in der Absicht, sich oder einem Dritten einen rechtswidrigen Vermögensvorteil zu verschaffen, das Vermögen eines anderen dadurch beschädigt, daß er durch Vorspiegelung falscher oder durch Entstellung oder Unterdrückung wahrer Tatsachen einen Irrtum erregt oder unterhält, wird mit Freiheitsstrafen bis zu 5 Jahren oder mit Geldstrafe bestraft.
Der Versuch ist strafbar.
In besonders schweren Fällen ist die Strafe Freiheitsstrafe von einem Jahr bis zu zehn Jahren.

Der **Betrug ist ein ganz schwieriges Delikt**. Was sind zum Beispiel »falsche Tatsachen«? Die Betrüger sind eben mit allen Wassern gewaschen, davon können manche Anwälte noch etwas lernen. Wie würden Sie zum Beispiel folgende Geschichte beurteilen?

Ein junger Mann kauft für seine Freundin eine Perlenkette für 50.000 DM. Er zahlt mit einem ungedeckten Scheck. Der Juwelier, der an dem Verkauf 25 % verdient, kauft mit diesem Scheck bei einem Kollegen neue Ware ein. Der zweite Juwelier, der den Scheck ebenfalls für gedeckt hält, gibt ihn an einen dritten Kollegen. Der Scheck läuft so weiter, von Juwelier zu Juwelier. Jeder verdient dabei 25 %. Erst der zehnte Juwelier versucht vergeblich, den Scheck einzulösen. Was macht dieser zehnte Juwelier?

Er ruft die anderen 9 Kollegen zusammen und macht ihnen klar, daß jeder 12.500 DM an der Weitergabe des Schecks verdient habe und nur 5.000 DM abzugeben brauche, damit der Scheck gedeckt wäre.

So werden alle Geschäfte gerettet, und trotzdem hat noch jeder Juwelier 7.500 DM verdient. (Rainer Kreutzmann)

Sie, sehr geehrter Kursusteilnehmer, können in einer stillen Stunde einmal darüber nachdenken, **ob überhaupt jemand jemanden betrogen hat und wenn, wer wen.**

Der Betrug ist — wie es in der Illustrierten »Stern« stand —, **Volkssport** geworden. Haben Sie schon mal einen Versicherungsschaden gehabt und wirklich alles ehrlich angemeldet, wo doch die Versicherungen immer herunterhandeln? Peinlich ist es nur, wenn der geständige Täter vor Gericht aussagt, daß in dem aufgebrochenen Tresor nur 1 Perlenkollier gelegen habe und nicht zwei, und daß dies auch nur eine Imitation gewesen sei.

Die ganz großen Wirtschaftsdelikte, von denen man so oft in der Zeitung liest und bei denen es um riesige Summen geht, sind alles irgendwie Betrugsdelikte. Alle diese Delikte haben eine Besonderheit: Während es bei Mord, Raub, Diebstahl meist um die Frage geht: Wer war der Täter?, ist es bei Wirtschaftsdelikten genau umgekehrt: Der Täter steht fest, doch die Tat liegt im Dunkeln.

Der Staatsanwalt sichtet Konten, er versucht, die Zahlungswege zu verfolgen, er fahndet nach Verträgen und bemüht sich, das Firmengewirr zu entschlüsseln, bis er sich verheddert. Nur zu oft findet der Staatsanwalt aus dem Labyrinth nicht mehr heraus. Die Zeit aber drängt, andere Fälle warten. Ohne Mithilfe des Täters droht der Prozeß zu platzen.

Ein Deal wird fällig: Teilgeständnis gegen mildes Urteil.

Der Einwurf eines Staatsanwaltes in der Hauptverhandlung: »Wo gibt es das, daß bei einer Bilanzsumme von mehreren Millionen Mark auf der linken und rechten Seite genau die gleiche Endsumme herauskommt, auf den Pfennig genau. Eine solche Bilanz muß gefälscht sein.«

Der Verteidiger zu seinem Mandanten bei dem Informationsgespräch vor der Verhandlung: »Schildern Sie den Fall mit allen Einzelzeiten und allen Umständen genau der Reihe nach. Vor Gericht bringe ich dann wieder alles durcheinander.«

Eine so erzeugte Unordnung ist ein halber Freispruch.

FALL 42:

Ein wegen Betruges verurteilter Adliger aus Schleswig Holstein wird wegen Rückzahlung von 61.000 DM Arbeitslosenhilfe verklagt, weil er Einkommen aus Erwerbstätigkeit gehabt habe. Er verteidigt sich damit, er habe ausschließlich seine Kunden übervorteilt. Die Tätigkeit als Betrüger könne aber der Gewährung von Arbeitslosenhilfe nicht entgegenstehen. Vor dem Bundessozialgericht hatte er aber damit kein Glück, die Richter verurteilten ihn zur Rückzahlung der Arbeitslosenhilfe, da er für ein Finanzierungsunternehmen, wenn auch betrügerisch, gearbeitet habe. (BSG 7 RAr 56/94)

Anwaltschaftliche Kommentierung
zu § 211 StGB – Mord –

Der § 211 StGB lautet:
Der Mörder wird mit lebenslanger Freiheitsstrafe bestraft.
Mörder ist, wer
aus Mordlust, zur Befriedigung des Geschlechtstriebs, aus Habgier oder aus sonst niedrigen Beweggründen,
heimtückisch oder grausam oder mit gemeingefährlichen Mitteln oder um eine andere Straftat zu ermöglichen oder zu verdecken, einen Menschen tötet.

Der Mord ist die Krone aller Delikte. Ohne ein paar anständige Morde macht es einem richtigen Strafverteidiger gar keinen Spaß. Ohne Morde wäre das Leben langweilig.

Die Schriftsteller, insbesondere die Krimi-Autoren brauchen Morde. Die Theaterdichter sind nicht besser und vor allem das Fernsehen. Täglich wird dort unzählige Male gemordet: Die Mörder sind die wahren Stars unserer Medienwelt.

Resozialisierungsvorschlag des Verfassers: Arbeitslose Mörder als ABM-Maßnahme beim Fernsehen beschäftigen.

Der § 212 StGB lautet:
Wer einen Menschen tötet, ohne Mörder zu sein, wird als Totschläger mit Freiheitsstrafe nicht unter 5 Jahren bestraft.
In besonders schweren Fällen ist auf lebenslange Freiheitsstrafe zu erkennen.

Dazu müssen Sie als Verteidiger noch zwei weitere Paragraphen kennen, nämlich § 32 StGB und § 33 StGB.

§ 32 StGB: Wer eine Tat begeht, die durch Notwehr geboten ist, handelt nicht rechtswidrig.
Notwehr ist die Verteidigung, die erforderlich ist, um einen gegenwärtigen rechtswidrigen Angriff von sich oder einem anderen abzuwenden.

§ 33 StGB: Überschreitet der Täter die Grenzen der Notwehr aus Verwirrung, Furcht oder Schrecken, so wird er nicht bestraft.

Die Verteidigung läuft jetzt so ab:
Sie fragen zunächst Ihren Mandanten, ob er den Mord gestehen will oder nicht. Antwortet Ihnen der Angeklagte, daß er die Tat bestreite, dann müssen Sie ihn auf Freispruch verteidigen mit der Behauptung, daß der Angeklagte die Tat nicht begangen habe; sie sei ihm jedenfalls nicht zu beweisen.

Wird der Angeklagte trotzdem durch Zeugen, Fingerabdrücke, Gentest, die Schußwaffe usw. überführt, bleibt Ihnen als Verteidiger nur noch die Möglichkeit, **auf mildernde Umstände** zu plädieren. Hilfreich ist Alkohol. Der Täter sollte vor jeder Tat – mit Ausnahme beim Autofahren – immer kräftig trinken oder sonstwie deppert sein. Unsere Richter haben ein Herz für Betrunkene und Doofe.

Wenn der Angeklagte aber die Tat zugibt, dann können Sie **von vornherein auf Notwehr** plädieren und gegebenenfalls auf Notwehrexzeß und haben vielleicht bessere Chancen.

Ihr Ziel muß sein: **Nicht der Mörder ist schuldig, sondern der Ermordete.**

FALL 43:

Sagt der Richter zur Angeklagten: »Sie bestreiten also nicht, Ihren Mann während der Fußballübertragung erschossen zu haben?« »Nein, Herr Richter.« »Was waren seine letzten Worte?« »Schieß doch! Schieß doch endlich, du alte Pfeife!«

Das könnte ein Fall von Tötung auf Verlangen sein.

§ 216 StGB lautet:
Ist jemand durch das ausdrückliche und ernstliche Verlangen des Getöteten zur Tötung bestimmt worden, so ist auf Freiheitsstrafe von 6 Monaten bis zu 5 Jahren zu erkennen.
Der Versuch ist strafbar.

Unschuldig

Jeder von uns kann in ein Strafverfahren verwickelt werden. Man denkt und tut nichts Böses, und trotzdem wird man plötzlich verhaftet.

Geben Sie Ihrem Mandanten den Rat, *auf keinen Fall eine vorschnelle Aussage* zu machen. Das könnte ihm sonst ein »paar Jahre« einbringen. Besser ist es, sich die Sache erst einmal zu überlegen, bevor man eine Aussage macht, selbst wenn man eine Nacht in Polizeigewahrsam zubringen muß.

FALL 44:

Ein Staatsanwalt ging spät nachts leicht angesäuselt nach Hause. An einer Ecke stieß er mit einem Mann zusammen. Als er unwillkürlich nach seiner Uhr und Brieftasche griff, vermißte er die Uhr. Er eilte dem Mann nach, faßte ihn am Arm und rief: »Geben Sie mir die Uhr!«

Der Mann erschrak, zog die Uhr aus der Tasche und gab sie dem Staatsanwalt. In seiner Wohnung fand der seine eigene Uhr auf dem Nachttisch.

Einige Tage später lief bei der Staatsanwaltschaft eine Anzeige ein, daß einem Mann von einem Unbekannten die Uhr geraubt worden sei. Die Polizei berichtete, daß nach dem Täter gefahndet werde.

Der Staatsanwalt stellte das Verfahren ein, weil der Täter nicht zu ermitteln sei. Die Uhr schickte er an die Polizei zwecks Aushändigung an den Eigentümer, wohlweislich nicht als Staatsanwalt, sondern als anonymer Räuber.

Sagt der Rechtsanwalt zu seinem Mandanten: »Keine Panik – jetzt sitzen Sie erst einmal Ihr ›Lebenslänglich‹ ab, danach sehen wir weiter!«

Das Plädoyer des Verteidigers

Im Strafverfahren kommt nach der Beweisaufnahme und dem Plädoyer des Staatsanwalts das Plädoyer des Verteidigers. Das ist Ihre große Chance als Anwalt, Ihrem Mandanten zu Freispruch und Freiheit zu verhelfen.

»Ich bin über die Anklage des Herrn Staatsanwalts sprachlos«, sagte der Verteidiger. Dann hielt er ein zweistündiges Plädoyer.

FALL 45:

Da hatte der Anwalt in seinem Plädoyer einen kleinen Gauner als ganz braven und rechtschaffenen Menschen hingestellt. Nach dem Freispruch sagt dieser zu seinem Verteidiger: »Sie, Herr Doktor, Sie müssen doch selber ein recht schlechter Kerl sein.«

Das *mißglückte Plädoyer* eines Verteidigers:

FALL 46:

»Mein Mandant ist 64 Jahre alt und daher nicht mehr ganz auf der Höhe...« Der Richter unterbricht ihn: »Ich bin genauso alt und sehr wohl noch im Besitz meiner geistigen und körperlichen Kräfte.« Der Anwalt will seinen Fehler wieder gutmachen und fährt fort: »Sicher, aber mein Mandant hat sein Leben lang hart gearbeitet.«

»Herr Verteidiger«, meint der Richter, »Sie können sich kurz fassen. Der Angeklagte hat den Einbruch bereits zugegeben.« »Wem glauben Sie mehr, Herr Richter, ihm oder mir?«

Formulierungshilfen
für ein eindrucksvolles Plädoyer

»Hohes Gericht, bedenken Sie, welche *hohe Kosten* Sie unserem Staat verursachen, wenn Sie meinem Mandanten eine längerfristige Freiheitsstrafe ohne Bewährung auferlegen. Geben Sie deshalb meinem Mandanten *Bewährung*, damit er nicht auf Kosten des Staates beköstigt und untergebracht werden muß.«

»Hohes Gericht, mein Mandant hat durch die Begehung so zahlreicher Straftaten dafür gesorgt, daß Sie nicht *arbeitslos* werden. Man kann es gar nicht anders bezeichnen, mein Mandant ist eigentlich *Ihr Arbeitgeber*, und das wollen Sie bitte gebührend berücksichtigen.«

»Hohes Gericht, sollten Sie bei der Beurteilung der Straftat zu der Überzeugung gelangen, daß Sie meinem Mandanten eine strenge Strafe auferlegen müssen, so bitte ich dies dergestalt zu verwirklichen, daß *Sie ihn möglichst schnell in die Freiheit entlassen*. Der Angeklagte wird nämlich zu Hause von seiner Frau und insbesondere von seiner Schwiegermutter derartig schikaniert, daß für ihn die Verhängung einer langjährigen Freiheitsstrafe nur eine große Wohltat wäre.«

»Hohes Gericht. Mein Mandant ist angeklagt, Zehn- und Zwanzigmarkscheine gefälscht zu haben. Er ist geständig, und ich bitte für ihn um mildernde Umstände. Es steckt ein guter Kern im Angeklagten. Bei seiner hervorragenden Begabung wäre es ihm ein leichtes gewesen, Hundert-, ja Tausendmarkscheine zu fälschen, aber er begnügte sich *bescheiden* mit Zehn- und Zwanzigmarkscheinen.«

»Hohes Gericht. Mein Mandant ist schon so oft verurteilt worden, und es hat *nie etwas genützt*. Geben Sie ihm deshalb Bewährung!«

Letztes Wort des Angeklagten

Der Angeklagte hat in jedem Verfahren das *letzte Wort* und damit eine letzte Chance:

FALL 47:

»Ich nehme mein Geständnis zurück und schließe mich den Ausführungen meines Verteidigers an. Er hat mich von meiner Unschuld überzeugt. Ich bitte um Freispruch.«

FALL 48:

»Ich bitte das Hohe Gericht, das miserable Plädoyer meines Verteidigers als mildernden Umstand zu berücksichtigen.«

FALL 49:

Vor der Urteilsverkündung sagt der Richter zum Angeklagten: »Sie haben das *letzte Wort*.«

Der Angeklagte steht auf, wendet sich zum Zuschauerraum – dort sitzt seine Frau – und ruft mit zum Schwur erhobener rechter Hand: »Siehst du, der Richter sagt es auch.«

Eine Angeklagte fängt – statt eines letzten Wortes – hemmungslos zu weinen an. Richter: »Hören Sie auf zu weinen, Angeklagte! Damit rühren Sie das Gericht nicht.« »Ich weiß, Herr Richter, aber mein Anwalt hat es mir trotzdem empfohlen.«

Nach der Strafverhandlung

FALL 50:

Der 80jährige trifft einen gleichaltrigen Bekannten, der sich wundert, ihn so lange nicht gesehen zu haben. »Ich war ein halbes Jahr im Gefängnis«, meint der 80jährige, »wegen Verführung einer Minderjährigen.« »Was, in deinem Alter?« wundert sich der andere. »Ja, ich war so geschmeichelt, daß ich mich für schuldig erklärt habe.«

FALL 51:

Der Anwalt: »Alle meine Anstrengungen, für Sie einen Freispruch herauszuholen, sind umsonst gewesen.«

Mandant: »Na, dann geht es ja! Ich dachte schon, Sie wollten trotzdem Geld von mir haben!«

»Ihre Rechnung wird schon noch bezahlt«, sagt der Einbrecherkönig nach dem Freispruch zu seinem Verteidiger, »und wenn ich nächtelang durcharbeiten muß...!«

Strafvollstreckung

Als Anwalt können Sie Ihren Mandanten jederzeit – notfalls außerhalb der Besuchszeiten – im Gefängnis aufsuchen.

Wir kennen heute nicht mehr den Unterschied zwischen Zuchthaus- und Gefängnisstrafe, sondern nur noch den einheitlichen Begriff *Freiheitsstrafe*, die gegebenenfalls zur Bewährung ausgesetzt werden kann.

Daneben gibt es *Geldstrafe, Maßnahmen zur Sicherung und Besserung* sowie die *Untersuchungshaft*. Dort kann sich der Gefangene gewisse Erleichterungen (auf eigene Kosten) verschaffen und sich zum Beispiel Essen aus der Gaststätte schicken lassen. Alkohol ist verboten.

Ein besonderes Problem ist die finanzielle Versorgung der Familienangehörigen, wenn der Ernährer – meistens sind es die Männer – einsitzt. In dieser Zeit muß oft das Sozialamt einspringen.

FALL 52:

Während des Besuches im Gefängnis fragt der Mann ganz besorgt seine Frau: »Wie kommst du denn finanziell zurecht?« »Zur Zeit kann ich ganz gut leben mit der *Belohnung*, die auf dich ausgesetzt war.«

Das Problem bei Freiheitsstrafen liegt darin, daß man die Gefangenen in der Justizvollzugsanstalt nicht sinnvoll beschäftigen kann.

Die angestrebte Resozialisierung wirkt sich meistens gegenteilig aus. Nach längerer Freiheitsstrafe finden viele entlassene Straftäter nicht mehr in geordnete bürgerliche Verhältnisse zurück. Deswegen kann man als Anwalt mit voller Überzeugung gegen langfristige Freiheitsstrafen plädieren.

Zwei Kumpel treffen sich. »Was macht Karl?« »Der sitzt.« »Warum denn?« »Weil er gestanden hat.«

Familiensachen

Seit dem 1.7.1977 gibt es die Familiengerichte bei den Amtsgerichten. Hier werden alle Familiensachen zusammengefaßt, damit der folgende Fall nicht mehr passieren kann.

FALL 54:

Ein Mann hatte zwei Prozesse am Hals. Seine Frau klagte auf Scheidung wegen Impotenz und eine junge Mutter auf Unterhalt. Er sagte sich, daß er *einen Prozeß auf jeden Fall gewinnen* müsse. Er verlor beide, weil sie bei verschiedenen Gerichten anhängig waren.

Übrigens eine Besonderheit:

Berufungen gegen Urteile des Amtsgerichts/Familiengerichts gehen nicht an das Landgericht, sondern an das Oberlandesgericht.

Vor den Familiengerichten wird meist um Unterhalt und seine Höhe gestritten.

FALL 55:

Klagte die Frau: »Mein Mann gibt mir für mich und meine drei Kinder nur jeweils 10 DM pro Tag. Damit kann ich nicht leben.«

Darauf der Mann: »Das ist eine Unverschämtheit. Ich zahle 1.200 DM pro Monat und das ist mehr, als ich eigentlich aufbringen kann.« – Eigentlich haben beide aus ihrer Sicht recht.

Es geht in folgendem Fall um eine Vaterschaftsfeststellung, die ausnahmsweise nicht beim Familiengericht, sondern bei der Zivilabteilung des Amtsgerichts anhängig zu machen ist.

Der Anwalt zu seiner Mandantin: »Ihr Mann will sich scheiden lassen, weil Sie angeblich nicht zu ihm passen.« Antwort: »Herr Anwalt, mein Mann ist ein Trottel. Ich passe großartig zu ihm.«

»Unglaublich, wie ungerecht diese Scheidungsrichter sind«, beklagt sich die junge Frau bei ihrer Freundin. »Der Richter hat die Kinder doch glatt meinem Mann zugesprochen, dabei sind sie gar nicht von ihm!«

Testament und Erbschaft

Mit besonderer Erbitterung werden oft die Erbschaftsprozesse geführt, bei denen es um die Auslegung von Testamenten geht.

Als Anwalt können Sie kein Testament beurkunden. Das ist *Notarsache*, aber Sie können Ihren Mandanten bei der Abfassung seines Testamentes beraten. Das ist eine sehr schwierige Angelegenheit, die viel Erfahrung voraussetzt. Selbst der *liebe Gott* hatte damit seine Schwierigkeiten. Deshalb hat er zwei Testamente verfaßt, das *Alte und das Neue Testament,* und seit 2000 Jahren streiten sich die Menschen darum.

Auch wenn Ihr Mandant von seinem *Weiterleben nach dem Tode* überzeugt sein sollte, kann er sich *nicht selbst als Erbe* einsetzen.

So könnten Sie für Ihren Mandanten, einen Millionär, ein »vernünftiges« Testament formulieren:

»Meiner Frau hinterlasse ich mein Haus mit allem Inventar, das Bargeld und die Bankkonten. Meinem Sohn vermache ich die Fabrik, und meiner Tochter vermache ich die Segeljacht, meinen Sportwagen und die Aktien. Meinem Schwager, der stets zu mir zu sagen pflegte, ›Lieber gesund als reich!‹, vermache ich meinen Jogginganzug.«

Als Erben können nur *natürlich oder juristische Personen* eingesetzt werden. Wenn Ihr Mandant seinem Lieblingshund oder dem Pferd etwas hinterlassen will, dann muß er die Pflegeperson bedenken und diese mit der Auflage beschweren, für den vierbeinigen Liebling zu sorgen.

Ein Geheimtip für besonders gute Mandanten:
Wer sich als Volljähriger adoptieren läßt, erbt *nach seinen leiblichen Eltern und nach seinen Adoptiveltern*, beide Male nach Steuerklasse I.

Diesen wertvollen Rat vom doppelten Erbrecht sollten Sie sich gut honorieren lassen. Der Tip ist juristisch einwandfrei und gesetzlich abgesichert in §§ 1767 Abs. 2, 1754 BGB und in § 15 Erbschaftssteuergesetz.

Gut ist auch eine Lebensversicherung, die nicht zum Nachlaß gehört, aber der Erbschaftssteuer unterliegt. Wie heißt es doch so treffend:

> Der Sarg schlägt zu, die Witwe kichert, der Alte war Allianzversichert.

Wenn man bedenkt, was aus dem schönen Vermögen werden kann, das man sich im Laufe eines Lebens erarbeitet hat, dann möchte man am liebsten gar nicht sterben.

> Der Notar liest der erwartungsvollen Verwandtschaft das Testament des verstorbenen Erbonkels vor: »Zum Beweise, daß ich dieses Testament mit vollem Bewußtsein und bei klarem Verstand abgefaßt habe, enterbe ich hiermit restlos meine ganze Verwandtschaft, einschließlich Schwäger und Schwägerinnen, und deren Nachkommen, also meine ganze Sippschaft.«

Wirtschaftssachen

Als Anwalt haben Sie Ihre Partei auch in Wirtschaftssachen zu beraten. Hierzu einige Tips:

Die *Schlußklausel in einem Partnerschaftsvertrag* für ein Geschäft könnte wie folgt lauten:

»Und sollte unsere Firma pleite gehen, Gott sei davor – es ist nicht zu hoffen, aber leider zu erwarten –, dann wird der *Gewinn* zu gleichen Teilen geteilt.«

Ihren Mandanten belehren Sie für diesen Fall:

Wann erhält die Frau den Namen des Mannes? In der Stunde der Heirat. (Wenn sie will.)

Wann erhält der Mann den Namen der Frau? In der Stunde der Pleite.

FALL 58: Ein alter jüdischer Witz

Kläger und Angeklagter stehen vor dem Rabbi. Kläger: Er schuldet mir 500 Rubel und zahlt nicht.«

Schuldner: »Diesen Monat kann ich nicht zahlen.«

Kläger: »Das hat er mir schon vorigen Monat gesagt.«

Schuldner: »Na und? Habe ich nicht Wort gehalten?«

Sagt der Mann zu seiner Frau: »Endlich haben unsere Finanzsorgen ein Ende – wir sind pleite!«

Rechtsmittel

Wenn einem Mandanten das Urteil nicht paßt, kann er in die Berufung gehen. Allerdings muß er beachten, daß man nicht mit jedem Fall zum Bundesgerichtshof gehen kann.

Gegen Urteile des Amtsgerichtes in Zivilsachen kann man nur Berufung einlegen, wenn der Streitwert mehr als 1.500 DM beträgt. Bei Streitwerten unter 1.500 DM braucht sich der Amtsrichter deshalb keine große Mühe zu geben. Sein Urteil kann durch die Berufungsinstanz nicht nachgeprüft werden.

Wenn Sie eine Sache mit einem kleinen Streitwert (unter 1.500 DM) sorgfältig vom Amtsrichter geprüft wissen wollen, dann gibt es dafür folgenden *Trick*:

Sie erhöhen den Streitwert um eine Position für »prozessualen Ärger« oder so ähnlich, so daß Sie insgesamt einen Streitwert von über 1.500 DM erreichen. Dann können Sie Berufung einlegen.

Als Anwalt sollte man sich davor hüten, seine Partei zu schlau zu beraten.

FALL 59:

Der Anwalt hatte seiner Partei, einem Gastwirt, geholfen, sich *vermögenslos* zu stellen. Als der Anwalt anschließend seine Rechnung präsentierte, antwortete der Mandant: »Aber, Herr Doktor, Sie wissen doch am besten, daß ich nichts mehr habe und Sie folglich nicht bezahlen kann.«

Der *ideale Mandant* reagiert auf die Mitteilung des Anwalts vom verlorenen Prozeß mit den Worten: »Das macht nichts, da gehen wir weiter.« Wenn der Prozeß auch in der Berufungsinstanz verlorengeht, strengt man Revision an, »koste es, was es wolle!«. Geht der Prozeß eines Tages endgültig verloren: »Herr Anwalt, das ist nicht so tragisch. Ich habe schon wieder *einen neuen Prozeß*.«

Übrigens: Zum *Bundesgerichtshof* kann man eine Zivilsache nur bringen, wenn der Streitwert 60.000 DM überschreitet oder die Revision ausdrücklich zugelassen wird.

Anwaltsgebühren

Befassen wir uns einmal mit den anwaltschaftlichen Gebühren. Schließlich sind die Gebühren für den Anwalt das Wichtigste bei einem Prozeß.

Ohne Schuß – kein Jus.

Der Anwalt wird nicht danach bezahlt, ob er viel oder wenig in einem Fall zu arbeiten hat, sondern nach der *Höhe des Streitwertes. Es spielt für den Anwalt nach unserem Gebührenrecht keine Rolle, ob er den Prozeß gewinnt oder verliert.* Er bekommt in jedem Fall die gleichen Gebühren.

Falsch ist auch die Vorstellung, daß ein Anwalt dafür bezahlt wird, daß ein Prozeß *lange* dauert.

Es gibt einen immer wieder erzählten Witz, dessen Quintessenz jedoch nicht stimmt:

FALL 60:

Der alte Anwalt fährt in Urlaub. Sein Sohn, auch gerade Anwalt geworden, vertritt ihn.

Als der Vater aus der Kur kommt, begrüßt ihn der Sohn strahlend: »Vater, ich habe den alten Erbschaftsprozeß Müller ./. Müller endlich zum Abschluß gebracht.«

»Um Gottes willen«, sagt der Vater, »den Prozeß habe ich schon von meinem Vater übernommen, der hat von diesem Prozeß gut gelebt, ich habe auf diesem Prozeß meine Familie gegründet, und du hast davon studiert, und jetzt bringst du diesen schönen Prozeß zu Ende, schrecklich!«

Sagt der Metzgermeister zu seinem Anwalt: »So lange der Prozeß mit meinem Nachbarn läuft, schicke ich Ihnen als Honorar jede Woche 3 Kilo rohes Fleisch, damit Sie so scharf werden wie mein Pluto!«

Eine weitere Besonderheit des anwaltschaftlichen Gebührenrechts ist es, daß der Anwalt *Vorschuß* fordern kann.

FALL 61:

Ein Rechtskandidat wird bei der Prüfung gefragt, worauf der Anwalt bei der Übernahme eines Mandanten besonders achten müsse (der Prüfer wollte hören, *ordnungsgemäße Bevollmächtigung*). Der Kandidat antwortet: »Der Anwalt muß dafür sorgen, daß er zunächst einen *angemessenen Vorschuß* bekommt.«

Denken Sie immer daran, als Anwalt haben Sie nur Worte zu verkaufen, sonst nichts. Sie müssen sich deshalb Ihre Worte bezahlen lassen.

Als besonders teuer gelten Ehescheidungen.

FALL 62:

Eine reiche Frau wird nach der Scheidung gefragt, wie denn der Zugewinn geteilt worden sei. Sie antwortet: »Ich habe das Haus, die Schulden und die Kinder bekommen, mein Mann hat das Auto, das Segelboot und die Freundin. Die Anwälte haben sich die Sparbücher und Wertpapiere geteilt.«

Nachdem der Mandant endlich geschieden worden ist und die Kostennote seines Anwalts erhalten hat, meint er: »Die Scheidung kostet ja wesentlich mehr als die Hochzeit mit allen Geschenken.« Darauf erwidert der Anwalt: »Richtig, aber Sie können auch viel länger Freude daran haben.«

Fachanwalt für Steuerrecht

Wenn Sie sich als Anwalt betätigen und besonders mit Steuersachen befassen, können sie *Fachanwalt für Steuerrecht* werden.

Die Steuergesetzgebung ist ein undurchdringlicher Paragraphendschungel. Sonderregelungen und Schlupflöcher gibt es nur für Findige. Die Steuergesetze lassen dem Steuerpflichtigen lediglich die Wahl zwischen Armenhaus und Gefängnis. Da ist ein guter Anwalt schon von Nutzen.

Der frühere Bundeskanzler Schmidt soll einmal gesagt haben: »Die Deutschen bestehen aus 60 Millionen Kühen, die man einfach nur zu melken braucht.«

Man kann es auch anders ausdrücken: Der Steuerzahler ist das einzige Lebewesen, dem man das Fell mehrfach über die Ohren ziehen kann.

Erst beim Abfassen der Steuererklärung kommt man dahinter, wieviel Geld man sparen könnte, wenn man nichts hätte. Aber das ist auch kein erstrebenswerter Zustand.

Sie können als Anwalt − wie ein Steuerberater − auch bei der Steuerprüfung, der sog. Betriebsprüfung oder Außenprüfung, Ihrem Mandanten zur Seite stehen, wenn sich beispielsweise folgendes ereignet:

> Fragt der Betriebsprüfer bei der Schlußbesprechung den Steuerpflichtigen: »Sagen Sie mal, Sie zahlen pünktlich Ihre Steuern; Sie geben Ihre Steuererklärung fristgerecht ab; Ihre Bücher stimmen. Nun seien Sie einmal ehrlich: *Was für ein Spielchen treiben Sie mit uns?*«

oder

> Beim Groß-Bauer war Steuerprüfung. Er muß 80.000 DM nachzahlen. Am nächsten Tag blättert er das Geld bar auf den Tresen der Finanzkasse und geht weg. Ruft die Kassiererin: »Sie haben Ihre Quittung vergessen!« Sagt der Bauer: »Wieso Quittung? Nehmt Ihr denn kein Schwarzgeld?«

Fachanwalt für Sozialrecht

Sie können sich auch als *Fachanwalt für Sozialrecht* betätigen.

Vor den *Sozialgerichten* klagen die Leute ihre Rente ein. Jeder Mensch hat ab einem bestimmten Alter etwas an der Wirbelsäule und will dafür seine Rente haben.

Die Verfahren vor den Sozialgerichten sind gerichtsgebührenfrei. Die Anwaltsgebühren sind aus sozialen Gründen leider sehr niedrig.

FALL 64:

Am Fließband bei Opel hatten die Arbeiter an einem bestimmten Arbeitsplatz nicht genügend zu tun. Das Fließband war irgendwie falsch eingestellt.

Die jungen Leute dort machten deshalb Blödsinn und sprangen über das Fließband hin und her. Ein Arbeiter stürzte dabei rückwärts und stach sich unglücklich in den Hintern. Der Schließmuskel blieb kaputt und der Mann dauernd arbeitsunfähig.

Die Berufsgenossenschaft lehnte jede Rente ab. Dummheiten am Arbeitsplatz seien nicht unfallversichert.

Der Anwalt hatte vor dem Landessozialgericht argumentiert, dies sei doch ein sozialer Härtefall, aber er mußte sich vom Vorsitzenden des Landessozialgerichts belehren lassen: »Herr Anwalt, wir urteilen nicht nach sozialen Gesichtspunkten, sondern nach *Recht und Gesetz*!«

Übrigens dürfte für Sie eine Entscheidung des Bundessozialgerichts von Interesse sein:

> »Ehefrauen, die ihre Männer erschießen, haben keinen Anspruch auf Witwenrente.«

Gerichtsorganisation

Wir unterscheiden zwischen *ordentlichen Gerichten*, wie Amtsgericht, Landgericht, Oberlandesgericht sowie Bundesgerichtshof, und den *besonderen Gerichten*. Sagen Sie keinesfalls »*unordentliche*« Gerichte. Zu den besonderen Gerichten gehören die Arbeitsgerichte, Verwaltungsgerichte, Sozialgerichte, Finanzgerichte und Verfassungsgerichte mit dem höchsten Gericht: dem Bundesverfassungsgericht.

Es ist manchmal sehr schwer, das richtige Gericht auszuwählen.

Zum Beispiel: Der Streit über *Arbeitslosengeld* gehört nicht vor das Arbeitsgericht, sondern vor das *Sozialgericht*.

Dagegen gehört ein Streit über die *Sozialhilfe* nicht vor das Sozialgericht, sondern vor das *Verwaltungsgericht*.

FALL 65:

Der Anwalt hatte einen syrischen Autohändler aus Düsseldorf zu vertreten, der ein Auto nach Damaskus verkauft hatte. Er schickte einen Angestellten nach Syrien, um die 22.000 DM Kaufpreis dort abzuholen. Dieser kam auch gut mit den 22.000 DM bis Düsseldorf. Dort stieg er aus unerklärlichen Gründen in die U-Bahn und ließ sich dort die 22.000 DM stehlen; er war angeblich eingeschlafen. Das war natürlich gelogen. Der Angestellte hatte sowieso ein erhebliches Vorstrafenregister.

Gehört diese Klage nun vor das Arbeitsgericht oder vor das Landgericht?

Der Anwalt hatte den Fehlbetrag von 22.000 DM zunächst als Schadenersatzanspruch gegen den Angestellten vor dem Landgericht geltend gemacht. Dort wurde die Sache an das Arbeitsgericht verwiesen, weil das Gericht der Auffassung war, daß dies ein Streit sei, der aus dem Arbeitsverhältnis hervorgehe. Der Autohändler hat den Prozeß nach drei Jahren vor dem Arbeitsgericht gewonnen, aber das Geld beim Schuldner nie mehr beitreiben können.

Treu und Glauben

Auch nach diesem Schnellkurs können Sie natürlich nicht alle Gesetze – es gibt immerhin 40.000 – kennen, zumal die Gesetze textlich immer länger werden.

»Die zehn Gebote Gottes« enthalten 279 Wörter. Ein so unwichtiges Gesetz wie die Verordnung der Europäischen Gemeinschaft über den Import von Karamelbonbons hat exakt 25.911 Wörter.

Auch die *gesamte Rechtsprechung* des Bundesgerichtshofes und der Vorgerichte kann kein Anwalt im Kopf haben. Wenn Sie in einem Fall nicht weiterwissen, dann rügen Sie einen »*Verstoß gegen die guten Sitten*« oder den *Verstoß gegen* »*Treu und Glauben*«. Merken Sie sich diese beiden Begriffe und die nachfolgenden Paragraphen:

§ 138, Abs. 1 BGB
»Ein Rechtsgeschäft, das gegen die guten Sitten verstößt, ist nichtig.«

§ 242 BGB (Leistung nach Treu und Glauben)
»Der Schuldner ist verpflichtet, die Leistung so zu bewirken, wie Treu und Glauben mit Rücksicht auf die Verkehrssitte es erfordern.«

Mit diesen beiden Paragraphen können Sie *jeden Fall*, den Sie juristisch nicht unter einer anderen Vorschrift einordnen können, lösen.

Notfalls helfen Sie sich mit § 226 BGB, dem *Schikaneverbot*.
»Die Ausübung eines Rechtes ist unzulässig, wenn sie nur den Zweck haben kann, einem anderen Schaden zuzufügen.«

Wenn man alle Gesetze studieren sollte, hätte man gar keine Zeit, sie zu übertreten.

(*Goethe*, dt. Dichter, 1749-1832)

Beachten Sie, daß der § 242 über Treu und Glauben im Bürgerlichen Gesetzbuch steht, denn § 242 des Strafgesetzbuches behandelt den Diebstahl. Notfalls paßt aber auch das Strafgesetzbuch.

FALL 66:

Sitzen zwei Juristen bei einer guten Flasche Wein in der »Traube« und streiten sich über einen Fall. Schließlich ruft der eine Jurist: »Herr Ober, haben Sie ein *Strafgesetzbuch* hier?« Kommt der Ober gerannt: »Aber meine Herren, wozu brauchen Sie ein Strafgesetzbuch, ich tausche den Wein auch so um.«

Rechtsberatung

Mit diesen Rechtskenntnissen können Sie sich ab sofort als Anwalt betätigen und praktisch jeden Prozeß führen. Ich darf Sie nur auf folgendes hinweisen:

Sie dürfen diese anwaltschaftliche Tätigkeit nicht geschäftsmäßig, weder haupt- noch nebenberuflich, entgeltlich oder unentgeltlich ausüben, *solange Sie dazu nicht die Erlaubnis haben.*

Diese Erlaubnisse bekommen Sie natürlich ohne große Schwierigkeiten. Sie müssen nur die beiden juristischen Staatsprüfungen bestehen. Das dürfte aber nach den Kenntnissen, die Sie jetzt erworben haben, eine Kleinigkeit sein.

Dann können Sie sich überall in der Bundesrepublik und demnächst auch in allen Ländern der Europäischen Gemeinschaft niederlassen, bitte nur nicht in Mönchengladbach, da sitze nämlich ich.

Mit den besten Wünschen für eine erfolgreiche Tätigkeit

herzlichst
Ihr Theo Drewes

Nachtrag des Verfassers

Cum grano salis; mit einem Körnchen Salz:

Die juristischen Ausführungen in dem vorstehenden »Schnellkurs« sind korrekt. Darauf können Sie sich verlassen. Die angeführten Fälle können durch Recht und Gesetz belegt werden.

Es liegt mir fern, meine Kolleginnen und Kollegen zu beleidigen oder zu verspotten. Ich möchte aus **Gründen äußerster anwaltschaftlicher Vorsicht** jedoch auf folgendes hinweisen:

Ich habe durchgängig das Wort »Rechtsanwalt« vermieden und immer nur vom Anwalt gesprochen, **Anwalt kann jeder sein.**

Spätestens seit der Entscheidung des Bundesgerichtshofes über das Tucholsky-Zitat: »Soldaten sind Mörder« weiß auch eine breitere Öffentlichkeit, daß es gar nicht so einfach ist, ein Kollektiv zu beleidigen. Schon das alte Reichsgericht hat in einer seiner frühen Entscheidungen (RG 7/169) über die Kollektivbeleidigung geurteilt: »Die Zugehörigkeit des Einzelnen zu den Betroffenen muß erweislich sein.«

Oder: »**Getroffener Hund bellt**«.

Im Gegenteil: **Ich habe die höchste Hochachtung vor meinen Kolleginnen und Kollegen für ihre Arbeit an der juristischen Front, wo nur mit geistigen Waffen gekämpft wird.** Recht oder Unrecht, das ist dabei nicht die Frage, sondern nur: »Wie helfe ich meinem Mandanten, der sich mir anvertraut hat, wie der Kranke dem Arzt.«

Jedoch Anwälte gelten – im Gegensatz zu den Ärzten – als geldgierig, dabei verdienen die Anwälte durchschnittlich weniger als Ärzte. Die Arztrechnungen werden aber weitgehend von den Krankenkassen bezahlt, während man den Anwalt meistens selbst bezahlen muß. Aus dieser Sicht erklärt sich, daß die Anwälte als teuer gelten. Müßten die Patienten auch ihre Arzt- und Krankenhausrechnungen selbst bezahlen, würden sie darüber anders denken.

Im übrigen kann ich Ihnen, meine sehr geehrten Kursteilnehmer, aus eigener jahrzehntelanger Berufserfahrung versichern, daß die große Mehrzahl aller Anwälte das Interesse des eigenen Mandanten in den Vordergrund aller Überlegungen stellt.

Natürlich müssen die Anwälte Geld verdienen. Von der Dankbarkeit ihrer Mandanten können die Anwälte jedenfalls nicht leben. Wird der Prozeß gewonnen, ist das selbstverständlich, und der Anwalt soll sich sein Geld vom Gegner holen. Wird der Prozeß verloren, dann nur deshalb, weil der Anwalt nichts taugt, und wenn er gar einen Vergleich schließt, dann hat er sich nicht getraut.

Anwälte haben eine lange juristische Ausbildung zu absolvieren. Das Assessor-Examen, welches Voraussetzung für die Zulassung als Anwalt ist, gilt – wie die Juristen mit schöner Bescheidenheit sagen –, als das »schwerste Examen der Welt«. Als Anwälte arbeiten sie hart. Sie haben vormittags Gerichtstermine und nachmittags Besprechungen. Und wann machen sie ihre Schriftsätze? Wenn andere Leute schon längst vor dem Fernseher sitzen.

Trotz alledem und alledem:

Der Anwaltsberuf ist einer der schönsten und notwendigsten Berufe der Welt. Jeder von uns kann plötzlich und unerwartet – mit und ohne eigene Schuld – in eine böse Lage kommen. Dann braucht er an seiner Seite einen Helfer mit Mut, Verstand und Beharrlichkeit,

einen guten Anwalt.

Geschenke für Lehrer, Juri§ten und andere Freunde der Wahrheit